JN052731

まえがき

ビジネスガイド社は、１９７１年の創業以来、「ギフトの心」を出版事業や国際見本市「ギフト・ショー」を通じて国内外に広めてきた。ギフト・ショーのブランドは、ビジネスガイド社の登録商標だ。ギフトの言葉を使用し、50年にわたり日本に浸透させ、定着させてきたことを私は3代目として誇りに思っている。

２０２１年は当社にとって創業50周年の節目の年にあたる。ギフト・ショーも回を重ねて、今秋には90回目の記念すべき開催を迎える。私がビジネスガイド社の見本市事業に携わってから35年が経過したが、この間、本当に幾多の苦難の荒波を乗り越えてきた。バブル崩壊、阪神淡路大震災、リーマンショック、東日本大震災、そして新型コロナウイルス。そうした不測の事態を克服し、当社を追随し模倣する同業者との競合に屈することなく、晴れやかな成長カーブを描いてきた。

なぜ、それができたのか。なぜ、ギフト・ショーは日本最大級の消費財の見本市として成功し、成長し、国内外から注目され、多くの人から常に期待される存在であり続けているのか。それを明らかにするのが本書の狙いである。

詳細は本編に譲るが、ギフト・ショーが現在の地位を築き上げることができたのは、一言で言うならば進化を続けてきたからだ。決して現状に甘んじることなく、常に新しいテーマ性を打ち出してきた。出展社のビジネスに直結し、新しい販路開拓につながる道筋を探り具現化する一方で、会場に足を運ぶ多くの方の期待に応え、利便性を上げてきた。

進化を支えているのは地道で泥臭い作業だ。その努力の延長線上にギフト・ショーという看板を背負っているという誇りと毎回毎回の積み重ね。ギフト・ショーはある。だからこそ、ギフト・ショーはたくさんのスポンサー、たくさんの流通業者の仕入れの場として愛されてきたのだと自負し、そうして今日があることに深く感謝している。

見本市とは本来、イベントや興行などの一般向けではなく、招待状制で来場者を集める欧米型のクローズドなトレードショーを言う。流通業者限定の商談の場を継続して安定的に開催するのは至難の業だ。主役である出展社が新製品を開発し、半年間の注文を取るための受注会を円滑に進めるために、主催者である私たちは会期中も、会期以外も黒子となって駆けずり回っている。その内情や舞台裏も本書では明らかにしている。成功している見本市がどのような考えで、どのように営まれているのか、私たちが何を変えようとしているのかをぜひ知ってもらいたい。

それと同時に、見本市を活用したい方、これから参加したいという方にメッセージを送りたい。ギフト・ショーは、ユニークで独創的な製品、斬新な発想のアイデアを備えている方々の力強い援軍だ。ギフト・ショーに寄せるバイヤーたちの期待は高い。ギフト・ショーは商売の活気と未来志向の熱量に満ちている。

現在、日本の中小企業は新型コロナウイルスの感染拡大を受けて、大きなダメージを受けている。ＢtoＢの見本市は、中小企業の開発した新製品の発表の場であるだけでなく、流通業者から注文を取るための受注会としての大きな役割も担っている。無為無策で何もしないわけにはいかない。当社には、万全な予防策を講じながら見本市を開催する義務と責任がある。同時に、新しい形の見本市、展示会のあり方もぜひ提案していきたい。

そのギフト・ショーをとことん活用してほしい。出展社は私たちの仲間である。成功に向けての意欲、情熱、志に応えていくのが私たちの使命だ。ギフト・ショーをビジネスが実る有意義な場所として、さらに磨き上げていくことをここに約束しよう。

ビジネスガイド社　**芳賀 信享**

目次

第1章 ギフト・ショーのブランドが衰えない理由

第2章「社会的貢献で顧客の信頼、利益を守る」理念とは

第3章 ギフト・ショーはこうして作られる

第4章 これからのギフト・ショー

第5章 ギフト・ショーに携わる人々

序章

ギフト・ショー
奇跡の始まり

GIFT
SHOW

消費財の見本市としては日本一

２０２０年2月5日。午前9時半。東京、有明、東京ビッグサイト――。

いま私は、晴れ上がった冬の日差しがまぶしいメインエントランス中央で、流通業界の錚々たる重職者が列席するオープニングセレモニーのひな壇最前列右端に、腰を下ろしている。

「今年もギフト・ショーが始まる」

毎回のことながら、緊張が高まる一瞬だ。だが、緊張しているのは私だけではない。来場者もまた、間もなく始まる日本最大級のトレードショーの開催を前に、意気込みと期待で昂揚している。開会宣言をする間にも、入場を待ちかねた来場者の数がどんどん膨れ上がり、複数設けた受付前の行列が長さを増していく。

開会式のテープカットが行われると、音楽と撮影フラッシュに続いて幕が上がる。一斉に会場内に人がなだれ込み、なかには、小走りで目当てのブースに向かう者もいる。

早くギフト・ショーの会場に並ぶ新製品を見たい、知りたい、確認したい。ギフト・ショーへの期待の大きさ、自らの役割を実感する瞬間だ。

東京インターナショナル・ギフト・ショー、通称ギフト・ショーは日本最大級のパーソナルギフトと生活雑貨の国際見本市で、今春、海外16の国と地域からの３４８社を含む３１００社が出展した。東京モーターショー、日本国際工作機械見本市（ＪＩＭＴＯＦ）、ＣＥＡＴＥＣ（旧エレクトロニクスショー）、東京ゲームショウなど、大規模な展示会や見本市はいくつも存在するが、これらの多くは一般来場者が多く、見本市というより展示会の要素が強い。一般入場を制限した純粋なＢtoＢの場として、商談が基本の見本市であるギフト・ショーは日本最大級。消費財の見本市としては、*年間出展社数、出展小間《こま》数で日本一だ。

私はこのギフト・ショーを主催するビジネスガイド社の3代目社長である。

出版事業との相乗効果を図って誕生したギフト・ショー

ビジネスガイド社は１９７１年8月に設立された。事業内容は「月刊ぎふと」（現「Gift PREMIUM」）の発行。そう、当社は見本市専門の企業としてスタートを切ったわけではない。始まりは、ギフトビジネスに役立つ情報を提供する業界誌の版元だ。

＊『EventBiz 2020 Spring』（株式会社ピーオーピー、67ページより）

月刊誌を発行する企業がなぜ見本市運営に乗り出し、ギフト・ショーを国内最大規模のトレードショーへと育て上げ、日本に国際見本市を普及させることができたのか。

詳細は本編に譲るが、アメリカではギフト雑誌を手掛ける出版社がギフト関連の見本市を主催している。その実態をよく知っていたビジネスガイド社の創業者である私の父、芳賀忠は、将来的には見本市の主催を検討しつつも、まずは出版事業を軌道に乗せることを優先したという。

だが、本業は苦戦が続く。ならば思い切って見本市を開き、出版事業との相乗効果を醸成していこう――。こうして1976年4月に始まったのが、第1回ギフト・ショーに相当する「ギフト&ホームアクセサリーショー」だ。

東京都立産業会館大手町館を会場に、集められた出展社の数はわずか63社。来場者数も6000人の規模に過ぎなかったが、その後の成長は著しい。出展社数も、来場者数も、影響力も、あらゆる面で一貫して成長を続けている。

バブル崩壊期やリーマンショック、東日本大震災後の日本の流通業や展示会産業の再生・復興にも役立ってきた。東京五輪・パラリンピック開催に伴い、IOCのメディアセンターを東京ビッグサイト東展示棟に誘致したため、2019年9月開催の第88回からは会場規模縮小を余儀なくされたが、2020年10月7~9日の第90回は新型コロナウイルス禍でも開催。ビジネスガイド社のポリシーは、新型コロナウイルス感染拡大期は率先して自粛を行い、7カ月のお休みの後、新型コロナウイルス感染防止の対策指針を発表し、対策をしっかり準備してから慎重に開催。そして、2020年9月からギフト・ショーに先駆けて当社の主催する他の見本市が開始される。

突出した成長性

他の大規模見本市や展示会を例に挙げると、ギフト・ショーの成長性がいかに高いかがよくわかる。

戦後の展示会産業の発展の礎を築いた日本国際見本市は1954年に始まり、東京と大阪で交互に開催されるようになり、当時の数少ない娯楽として大人気を呼んだ。しかし、総合見本市の役割低下に伴い、東京では1995年に、大阪では2002年にその使命を終えている。東京国際見本市協会が1970年に立ち上げた大規模見本市「東京国際見本市」「東京国際グッドリビングショー」も2000年代前半に消滅した。

日本国際見本市と同じく1954年4月に始まった東京モーターショー（第1回は全日本自動車ショウ）も往時の勢いを失っている。日本の自動車産業の発展と足並みを揃えて規模を拡大し、１９９１年開催の第29回では来場者数２００万人を突破したが、以降は減少に転じた。２００９年の来場者数はピーク時の3分の1に満たない61万人だ。直近の２０１９年の来場者数は１３０万人に増えたとはいえ、かつての賑わいには遠くおよばない。

東京モーターショーに代わってプレゼンスを高めているのが、上海モーターショーや北京モーターショーだ。各メーカーも中国で開催されるモーターショーを重視する傾向にあり、東京モーターショーの劣勢は否めない。家電関係の見本市ＣＥＡＴＥＣはどうか。エレクトロニクスショーとして１９６２年に始まったが、日本の電機メーカーの衰退やＩＴ化・デジタル化の流れの中で、その内容は大きく様変わりしている。

このように、大規模な見本市が次々に消滅し、あるいは役割が縮小傾向をたどる中で、ギフト・ショーだけは例外であり続けている。他の見本市とは同列に並べられない、独自のポジションを築いている見本市。それがギフト・ショーだ。

主催者が考えるべきは自社の利益ではなくお客様の利益

だが、私はギフト・ショーの本質をこう捉えている。

ギフト・ショーとは、日本のメーカー、問屋、小売りを一番大切にしている見本市だ。関連する日本の産業や業界の発展をどこよりも追求している見本市だ。

見本市の主催者がまず考えるべきは何か。自社の利益ではなく、お客様の利益だ。自社の利益を優先してはいけない。それは、主催者として絶対にやってはいけないことである。

たとえば、ギフト・ショーでは、出展した日本企業と出展品がバッティングするアジア諸国の企業を混在させることはない。当たり前だと思われるかもしれないが、日本で行われるBtoBの見本市で、OEMやODMを手掛けるアジアや後進国の下請け工場と日本のメーカーが同時に出展しているというケースはいくつも見受けられる。

海外のOEMやODMなどの下請け工場は貿易のロットが大きく、船便のコンテナで日本企業と取引をしているところは多い。日本に会社があり、長年、小売りも展開している企業であれば例外だが、そうでなければ日本企業と同種のメーカーをアジアから団体で出展させるのは、見本市のオーガナイザーとしてはご法度だ。日本の地域ブランドや産地ブランドを世界に販売すること、そのためのサポートこそが見本市の役割ではないか。

見本市の目的である商談とは異なる目的を持つ組織、たとえば名簿や名刺集めを目的とする出展社を野放しにするのも、やってはいけないことの一つだ。ギフト・ショーではさまざまなコンテストを開催しているが、大賞発表と懇親の夕には、毛皮や宝石などの販売業者や証券会社の営業が出展社の顔をして入り込もうとするため、必ず入り口でチェックし、会場には入れていない。

タバコについても目を光らせている。愛煙家のために分煙室が用意されているが、なかには非常口の外やストックルームでタバコを吸っている人もいるからだ。こうした動きを見過ごせば、最悪、火災につながりかねない。そこまでいかなくても、非常口の扉を開けてタバコを吸えば、会場の空調が効かなくなる恐れもある。喫煙者が路上に出て、バスの運行を妨げてしまう可能性もあるのだ。

カメラもNGだ。入り口で警備員がカメラやビデオはすべて預かり、会場内での撮影は禁止している。コンパニオンの写真を勝手に撮影することもご法度だ。厳格なルールを敷いているのは、一にも二にも安心安全な商談の場を確保するためである。

このように、出展社であるメーカー、問屋、小売りの信頼獲得のために主催者は愚直なまでに力を注いでいる。商談の場を実り多いものにするために奔走し、決して手抜きはしない。そうした見本市がはたしてギフト・ショーのほかにあるだろうか。出展社と会場を訪れるバイヤーの満足度を高めるために努力を惜しまない見本市があるだろうか。

答えは「否」だ。

だからこそ、ギフト・ショーは1976年4月の第1回開催以来、安定的に成長曲線を描き続けてきた。出展社とバイヤーに選ばれ続けてきたのは、見本市の主催者がやるべきこと、やってはいけないことを明確に線引きし、やるべきことを地道に実践したからだ。出展社との信頼関係を構築し、バイヤーの期待に応え、日本の産業を活性化して新しい価値を創出してきたと自負する。

駐車場不足の解決に向けて

ギフト・ショーを実りの多い商談の場にするためには、都庁に掛け合うことも辞さない。会場である東京ビッグサイトの問題の一つが駐車場だ。ビッグサイトは元々、ゆりかもめやりんかい線、都営バスなどの公共交通機関を使って来場することを前提としているため、駐車場対策が十分ではない。

来場者であれば電車を使うという選択肢がある。だが、出展社はそうはいかない。長期間にわたる大規模な博覧会ならば、開催前に設営し、開催後に時間をかけて撤収すればいいが、1週間単位で出展社が変わる見本市では、製品や資材の搬入・搬出時における駐車場、すなわち車両待機場の確保が欠かせないからだ。

特にギフト・ショーの場合、出展社の大半は中小企業であり、自ら搬入・搬出を行っている。小間数の多い出展社ともなると、4トントラック数台、あるいは10トントラックを使うことも少なくない。限られた駐車場をどのようにオペレートするかは、出展社にとっては切実な問題だ。

ところが、ビッグサイトの建物内には、会議棟や東展示棟の地下駐車場250台を含めた数百台分の駐車スペースしかない。また、ビッグサイト自体は東京都産業労働局の所有であっても周りの土地は港湾局の所有なので、他の駐車場は産業労働局が1台当たりいくらという形で港湾局から借りる形をとっていた。

このような駐車場事情を放置していいはずがない。2000年代に日本展示会協会（日展協）の展示会場委員会委員長を務めていた私は、ビッグサイトに搬入出車両のための待機所を確保する計画を進めようと、セスナ機を飛ばして会場周りをビデオ撮影したことがあった。いかに駐車場が不足しているかは、空から見れば一目瞭然だった。

粘り強く働きかけて、少しずつ解消に向かってはいるが、現在も駐車場は十分ではない。かつて駐車場だった東展示棟の東側には、2016年10月にオープンした東新展示棟が建ち、駐車場としても利用できた西展示棟南側の屋外展示場は、2019年7月に南展示棟に変わってしまった。2000年代中盤までは、都市博中止で〝空き地〟の多かった周辺も、ずいぶんと埋まってきている。さらなる埋め立ては非常に難しいだろう。かといって、高層階の立体駐車場は防災拠点である防災公園の前でもあり、飛行ルートの関係で作れなかった。

２０１9年以降、東京五輪・パラリンピックの影響から会場規模がマックスの3分の2になっているため、駐車場問題は大騒ぎにはなっていないが、いずれはさらに顕在化するはずだ。もっとベターな選択肢はないのか、出展社の負担を軽減する方法はないのか。私はいまも真剣に考えている。

会場を快適にするための具体策

以前、東京ビッグサイトの東展示棟では真夏であっても半分ほどしか冷房が効かず、9月のギフト・ショーでは出展品のろうそくが溶けて倒れたり、気分が悪くなって倒れる人が出たこともあった。空調用として東京臨海熱供給株式会社から冷水・温水の供給を受けていたものの、展示場の最大使用時を想定して購入していなかったことが原因だ。

エントランスホールの天井やガレリアの天井・壁はガラス張りでできているため、放っておけば真夏はビニールハウスの灼熱地獄状態に陥る。西展示棟1階部分のアトリウムも日差しが強い。ギフト・ショーのスタッフは1日詰めたらすっかり日焼けしてしまった。

冷房が効かない環境では、魅力的な商品もそう映らなくなる。まとまる商談もまとまらなくなる。冷房問題の解決は急務であると考え、出展社のため、そして全国からやってくる流通バイヤーのため、私は冷房を整備するように掛け合った。空調はその後全館に行きわたるようになり、日射対策については遮光ブラインドが設置された。

ただし、ブラインドは変形や故障が多くて効果が薄かったため、2004年には遮光フィルムに張り替えられ、ダクトの掃除や改良も行われ、冷気量がアップした。こうして東京ビッグサイトは夏場でも無事、展示会を開催できるようになったのだ。

天候対策という点ではもう一つ、東京ビッグサイトとりんかい線国際展示場駅の間は400mにわたって「イーストプロムナード」と呼ばれる空間が広がっているが、ここは当初、雨や強い日差しを避ける術がなく、途中にあるホテルやビルもまだ閑散としていた。

そこで、私は東京ビッグサイトの初代社長の浪越勝海氏に相談を持ち掛けた。浪越氏は東京都港湾局長と労働経済局長の二つの要職を務めた人物でもある。東京都港湾局長の成田浩氏と相談の結果、ビッグサイトの収益で「屋根付き回廊」を作って港湾局に寄付するという形でまとまり、2004年秋に完成した。ビッグサイトは完成後、清掃やメンテナンスを請け負う。

浪越社長にはいろいろな提案を持ち掛け、要請を行った。浪越社長からはこれによく応えていただいた。問題があるなら具体策を持ってアクションを起こすことだ。待っていても事態は変わらない。動けば解決策は見えてくる。道は拓けるのである。

このままでは展示会産業が大打撃を受ける
――震災時の決断

やるべきかやらざるべきか、おおいに逡巡したこともある。

東日本大震災直後の2011年4月に予定していたインターナショナルプレミアム・インセンティブショーの開催だ。東京ビッグサイトの施設には大きなダメージはなかったが、安全の確認や震災対応最優先の流れから、3月のイベント開催は見送られていた。

震災によって多くの人の命が奪われ、危険にさらされ、農業、漁業、畜産、酪農などのビジネスが打撃を受けた。また福島県にある東京電力の原子力発電所が津波の影響で倒壊し、爆発事故を起こした影響も大きかった。

こんなときにはたして、予定通りに当社が主催するプレミアム・インセンティブショーを開催していいのか、できるのか、許されるのか、不謹慎ではないのか。仮に開催したとしても誰も来ないのではないか。クレームの嵐になるのではないか。

私は迷った。悩んだ末にこう結論を出した。東展示棟だけで開催しよう。当時、東京ビッグサイトの西展示棟は、東北地区の災害避難民の宿泊所として利用されていて、西展示棟が使えなかったからだ。

決断を促したのは、展示会産業や流通業への影響を考えてのことだ。商品を仕入れる権限、特に企業の販促品や企業ギフトの中身を決定するバイヤーの権限は東京に集中している。百貨店の外商本部も皆、東京にある。コンビニチェーンや大手量販店チェーンも同様だ。セブン-イレブン、ファミリーマート、ローソンなど、いずれも本部は東京にしかない。

ここでプレミアム・インセンティブショーを開催しなければ、1年間、新しい企業ギフトや販促品、オリジナル商品などの供給がストップしてしまうだろう。いまやらなければ日本の展示会産業は大打撃を受ける。それよりも、いまを元気よく乗り切り、震災後のダメージの回復に皆で努めようと考えたのだ。

実を言えば、関西のいくつかの出展社からはお怒りの電話やお手紙をいただいた。しかし、同時に「今後、半年1年待って、東京ビッグサイトが再開できる見通しはない」「苦しいときほど前向きに乗り切らないとビジネスがなくなってしまう」という声もたくさん寄せられた。

幸い、多くの関係者からは賛同いただき、思い切って敢行したプレミアム・インセンティブショーは従来と変わらない規模でバイヤーを動員できた。その様子を見て、他の展示会主催者や団体もプレミアム・インセンティブショーに追随し、展示会や見本市の開催に踏み切り、東京ビッグサイトでの展示会は活気を取り戻していった。

見本市や展示会ビジネス、広く日本の産業も視野に入れて考え、決断すること。それが、見本市をリードしてきたビジネスガイド社を率いる自分の役割であることを改めて自覚した一件だった。

どんな商材もパーソナルギフトになり得る

ギフト・ショーは、旧態依然とした縦割りの流通経路に「パーソナルギフト」という横軸を貫通させ、日本の流通の変容を促したことで知られている。それまで冠婚葬祭の品でしかなかった贈り物を西洋風のギフトに、さらには「パーソナルギフト」に発展させ、商材をライフスタイル全般に広げて、ギフト市場を17兆円を超える規模に牽引してきた。時代の先駆者として走り続けてきたギフト・ショーの舵を取り、市場をさらに拡大していくことがいまの私の使命だ。

1970年代前半まで、日本の流通は、同じ業種や業界の中でメーカー～問屋～小売りという縦型に構築されていた。その後、セレクトショップやライフスタイルショップという新たな業態が登場。特定のターゲットの生活シーンを想定したうえで、多彩なジャンルの商品を揃え、販売する店舗が出現した。家具店も「ホームファニシング」あるいは「ホームファッション」という看板を掲げるようになり、家具と布団、さらにはインテリアやバス・トイレ用品などを販売するようになり、昔ながらの個人商店は町から姿を消していく。

このような流れは、「業種」から「業態」への変遷として捉えられている。社会現象的に概観すれば「モノからコトへ」「小売り目線から顧客目線へ」そして「単品を売る・買うから、生活スタイルを提案する・取り入れるへ」の変遷と言えるだろう。

この「業種」から「業態」への変遷、つまり業態融合を見事に具現化しているのが、まさにギフト・ショーだ。ギフトの商品内容は幅広い。縦割りの商流にはおさまりきらない性質を帯びている。

とりわけ、ギフト・ショーで扱われる「パーソナルギフト」は個人の自発的なプレゼントであり、プレゼントを超越したコミュニケーション・グッズだ。贈りたいと思うものであれば、商材は何でもいい。アクセサリーでもステーショナリーでも洋服でも構わない。

家具のような大きな商材もパーソナルギフトになり得る。極言すれば、パーソナルギフトの対象は受け手の喜ぶものを贈るという消費財全般だ。

多彩なビジネスマッチングの機会を提供

業態融合し、商材の対象が消費財全般におよんでいるからこそ、来場者にもたらされるビジネスチャンスは無限大だ。ギフト・ショーのポテンシャルは極めて大きい。

ギフト・ショーは商品別ではなくテーマ別でゾーニングされている。たとえば、ぬいぐるみを出展する場合、通常の見本市であれば、おもちゃのコーナーに割り当てられるが、ギフト・ショーでは「ベビー&キッズフェア」に入ることもあれば、部屋の飾りという位置付けで「ホームファニシング&デコラティブフェア」に括られることもある。職人が手作りしたデザイン性の高いものであれば「アクティブデザイン&クラフトフェア」に入ることも珍しくない。業種別ではなく業態別での出展だ。

これは何を意味するのか。

業種という限られた枠の中では会うことも、話をすることも、ビジネスの可能性を探ることも難しいが、ギフト・ショーなら新たなバイヤーと接点を持ちやすい。多種多様なメーカー＝出展社と、多種多様な小売りや販売ルート＝バイヤーとのマッチング機能を担う場だ。他の見本市と似て非なる役割である。

ギフト・ショーはパーソナルギフトをコンセプトに掲げ、その方針を長く続けてきたことで、現在ではありとあらゆる消費財が集まる見本市に成長した。現在のギフト・ショー出展社の間では「ギフト＝贈り物や進物を作ったり扱ったりしている」という意識は低い。多くの出展社の関心は、新たなバイヤーと出会い、販路が拡がることへの期待だ。

会期初日に東京ビッグサイトに足を運び、昂揚した表情で開場時刻の前から並ぶ流通バイヤーたち、最新のトレンドを反映した新製品を誇らしげにブースに並べ、バイヤーを出迎える出展社の姿を見て、私はギフト・ショーに寄せられている期待値の高さを心に深く刻み込んだ。そう、ギフト・ショーとは常にSOMETHING NEWがある場所だ。新しい何かが見つかる唯一無二の場所だ。

次の章では、ギフト・ショーがいかにして他社の追随を許さない独自の存在になり得たのか、その足跡を明らかにしていこう。

第1章

ギフト・ショーのブランドが衰えない理由

GIFT SHOW

時代の変遷にも色褪せない人気

商談を基本とした見本市としては日本最大級、消費財の見本市としては年間出展社数、出展小間数で日本一の規模を誇るギフト・ショーは、序章でも述べたように、１９７６年4月の第1回（当時はギフト&ホームアクセサリーショー）以降、右肩上がりの成長を続けてきた。東京都立産業会館大手町館に始まり、サンシャインシティ、晴海・東京国際見本市会場、そして東京ビッグサイトへと会場を移しながらも成長基調に変わりはない。

東京ビッグサイトで開催された第87回の概要を紹介しよう。正式名称「第87回東京インターナショナル・ギフト・ショー春２０１９」の会期は、２０１９年2月12日（火）から15日（金）までの４日間。東展示棟、東新展示棟、西展示棟1階、西展示棟４階を会場とし、トータル９万７４２０㎡の展示会場を使い、単独で２０３４社が出展した。その内、２３８社が海外12カ国からだ。総来場者数は19万１５９２人。内、５３５１人が海外からの来場者だ。

もっとも、これはギフト・ショー単独での数字に過ぎない。第87回では、「第5回LIFE×DESIGN」「第25回グルメ&ダイニングスタイルショー」「第59回インターナショナルプレミアム・インセンティブショー」を同時開催している。これらをすべて合わせた総来場者数は32万４２８９人。内、海外からは６３７２人。総出展社数は海外16カ国・地域からの２７５社を含む３００２社に達している。これは、２０１８年に開催された「第86回東京インターナショナル・ギフト・ショー秋２０１８」と比較すると６・２％増の数字である。

スタート以来、これだけ順調に成長を遂げてきた見本市は他に例がないほどだ。大規模な見本市の大半が時間の経過とともに勢いを失っているにもかかわらず、なぜギフト・ショーの人気は継続できているのか。なぜギフト・ショーは国内外のバイヤーから支持され続けているのか。

これは業界の内外を問わず、多くの人から尋ねられることでもある。「なぜギフト・ショーは例外なのか」「何か秘訣があるのか」と。本章ではこの疑問に率直にお答えしていきたい。

ギフト・ショーの人気の鍵を握る5つの要因とは

ギフト・ショーの成長の要因を一言で言うならば、来場者と出展社の立場になって、次のビジネスにつながる創意工夫を惜しみなく重ねていることだ。準備から運営、終了後のフォローに至るまでとことん精査し、吟味し、中身を徹底的に練り上げている。「以前がこうだったから」という前例や慣習にはとらわれない。チャレンジを厭わず、常に新しい発見や価値を見出してもらえる内容、具体的な商談につながる要素を追求している。

ギフト・ショーの人気が続いている要因をまとめてみよう。

1 時代の半歩先を見据えたテーマ設定
2 時宜にかなったカテゴリーやフェアの新設や見直し
3 商談の場としての高い機能
4 来場者目線での施設やサービスの充実
5 出展社のレベルを担保する

以下では、これらについて順を追って説明していきたい。

ギフト・ショー人気の要因

1

時代の半歩先を見据えたテーマ設定

いかにテーマを見定めるか

ギフト・ショーでは、常に消費動向やライフスタイルの変化を踏まえて、1開催ごとにテーマを掲げている。そのテーマに即して出展社を募り、カテゴリーやフェアを見直すことも多い。

テーマ設定については、私が実質的にギフト・ショーの運営を任されるようになった1991年頃から力を注いできた。開催ごとにテーマ性を持たせ、新しい路線や市場を切り拓いていったのだ。

ギフト・ショーのテーマは皆で議論して決めるのではなく、社長の私が独断で決めている。これは前社長時代も同様だ。これだけたくさんの商品が氾濫している中で、複数の人間が議論し、テーマを一つに絞り込んでいくのは難しい。むしろ、一人の感性、時代感覚に任せた方が適切だ。

だが、それだけに責任は重く、プレッシャーも尋常ではない。常に感性を研ぎ澄ませ、時代感覚を磨く努力をしていることは言うまでもない。大げさではなく、私は365日、何をテーマにするかについて考えを巡らせている。

見ている先は流通や消費シーンだけではない。社会情勢、政治、スポーツ、芸能、文化など、およそ生活者を取り巻くすべてのジャンルにアンテナを張り、テーマを絞り込んでいく。現実と多少クロスしながらも適度に先を行くテーマは何か。市場の拡大や創造につながり、ちょっと大げさに言えば、日本の産業の活性化に貢献できるテーマは何か。毎回、骨身を削っている。

それはスクランブル交差点から始まった

ちなみに、ギフト・ショーのテーマは、第1回の時点ですでに設定されていた。このときのテーマは「流通のスクランブル交差」。縦割りの古めかしい流通経路に「ギフト」という新たな横軸を通す、というギフト・ショーの趣旨を反映したフレーズであり、主催者の意気込みを示したチャレンジングなテーマだった。

「スクランブル交差」という単語にも注目していただきたい。都市部繁華街にスクランブル交差点が誕生したのは、ビジネスガイド社が設立された1971年だ。新宿駅東口に4カ所のスクランブル交差点が導入され、スクランブル交差点の代名詞とも言える渋谷の交差点はその2年後の1973年に誕生した。以後、スクランブル交差点は徐々に全国に広がっていく。「流通のスクランブル交差」というテーマは時代の〝半歩先〟を捉えたフレーズではないか。

その後、第8回（1979年9月）のギフト・ショーでは、「ウォンツ商品のバリエーションと流通」と銘打った。ウォンツ商品とは欲求度の高い商品を指すマーケティング用語だが、ニーズ商品と比べるとまだ言葉の意味を知る人はさほど多くなく、当時としては新鮮な言葉だったように思う。70年代の終わりに、そうした言葉を盛り込んだところにもギフト・ショーの先見性が見て取れる。

第22回（1986年9月）からは、毎回必ず、テーマが設定されるようになった。テーマなき見本市は、漠然とした展示品の塊に過ぎない。ここに来れば指針が得られる。会場を見回れば、ビジネスを新たなステージへと導く道標を知ることができる。来場者にそう感じてもらい、具体的な商談を進めてもらうためにも、時代の空気やトレンドを踏まえたテーマの設定は不可欠である。

ギフト・ショーの軸足

直近のギフト・ショーのテーマを挙げてみよう。第87回（2019年2月）のテーマは「健康でアクティブな暮らし方への挑戦 PARTⅡ」だ。第88回（2019年9月）では、「心地よい暮らしの提案」をテーマに掲げた。

私が考える「心地よい暮らし」とは、家具や照明、生活雑貨、グリーン、インテリアアクセサリーなどを自分好みに合わせて編集した住空間だ。日常的に美と健康を取り入れ、元気に快活に暮らしながら、洋服やバッグ、アクセサリー、スカーフ、靴などの服飾雑貨をセレクトしてコーディネートを楽しみ、地域産のブランドや、旬の素材を料理した和食や大人の料理を味わう成熟した暮らしであり、子どもの頃によく遊んだおもちゃやお気に入りの文具、写真、友人からの贈り物、旅先で偶然見つけたお土産などを手にして、思い出や郷愁にふける時間をも満喫するライフスタイルだ。そうした暮らしをギフト・ショーでは具体的に提案した。多様化する生活者に向けたギフト・ショーなりの「素敵な暮らし方」の訴求である。

同時開催の見本市はギフト・ショーと別扱いのため、毎回、独自のテーマを掲げている。第5回LIFE×DESIGNのテーマは、「暮らし・デザイン・新時代　Let's discover the design of Japan!」。最新のデザインプロダクトや日本のものづくり、リノベーション、マテリアル、グランピング、住まいづくりのためのアイテムを通して、多様化するライフスタイルへ向けての新しい提案を行った。

第25回グルメ&ダイニングスタイルショーのテーマは、「地方創生、新時代。地域から人へ、そしてコトへ」。豊かな自然に囲まれた日本は、まだ知られていない四季折々のプレミアムフードやストーリーの宝庫だ。地方に眠る地域ブランドの原石に着目し、クローズアップしようというのがこのテーマの趣旨。地方創生の新たなカタチを追求した。

このようにテーマとは見本市の肝であり、指針であり、エッセンスそのものだ。カテゴリーでただ商品を括っているだけでは、その見本市が何を訴求しようとしているのかが来場者に伝わらない。テーマはギフト・ショーの軸足である。

“オオカミビジネスマン”に込めた思い

テーマを決定する際には、世相からあまり進み過ぎず、「半歩先」という感覚を重視している。世相から離れ過ぎていてはリアリティがない。かといって、世相そのままでは何の発見もない。次のビジネスのヒントにつながるテーマであることが重要だ。

そして、テーマを決めたら、テーマに即応したポスターや招待状のビジュアルを決めていく。ビジュアルは集客を左右するキーファクターだ。斬新なアイデアが欠かせない。

一例を挙げよう。「第60回インターナショナルプレミアム・インセンティブショー秋2019」では「ネットを超越する、リアル販促戦術」をテーマに掲げた。

このとき採用したのは、ビジネススーツを着たオオカミが駅の階段を駆け上っているビジュアルだ。駅は日本の架空の駅を見立てて、オオカミの背景には新幹線と山手線の電車が左右に停車している光景を取り入れた。全米最大級のギフトフェアNY NOWを取材しに出掛けたとき、時間があったのでグランド・セントラルターミナルを見学した。世界最大の44本のプラットホームがあり、毎日75万人の通勤客や観光客が利用している、その光景を目の当たりにして感動し、プレミアム・インセンティブショーのポスターのビジュアルを思いついた。

迫力にあふれたこのビジュアルの効果は絶大だった。「あのオオカミはいいね」という声が各方面から多数寄せられ、大きな反響を呼んだ。特に高く評価してくれたのがSP（セールス・プロモーション）エージェントだ。

当時、ネットを活用した販売促進が驚異的な伸びを示していた。アジアから格安の販促品がネットを通して日本に大量に流入し、各製造メーカーや流通関連企業はこの対応に追われていた。

大きな反響を呼んだ
「オオカミビジネスマンのポスター」

だが、私はこの流れに疑問を持っていた。ネットはあくまでも「一つの手段」に過ぎない。ネットに頼り過ぎない戦術を考えている企業は意外に多く、リアルの販売促進を重視しようとする原点回帰現象も起きていた。

このムーブメントをサポートするために、「ネットを超越する、リアル販促戦術」のテーマのもと、集客・販売を支援する多彩なSP企画やツール、最先端の印刷技術、多くのPOP関連商材など、最新のSP関連商材やサービスを集め、多種多様な知識と手法が求められる販促業界の期待に応える展示を行った。この延長線上にあるのが、オオカミビジネスマンのビジュアルだ。「ネットを超越する」という趣旨を効果的に表現できたと自負している。

ギフト・ショー
人気の要因

2

時宜にかなったカテゴリーやフェアの新設や見直し

「フェア」は独自性を高める切り口

時代の流れを読んだフェアやカテゴリーも、ギフト・ショーの人気には欠かせない要素だ。フェアとは、ギフト・ショーにおいては「◯◯コーナー」やジャンル分類とほぼ同義だが、他の見本市では全体の名称として使用されることが多い。だが、ギフト・ショーではあえて、それぞれのコーナーの専門性や独立性を高めるために「フェア」と称している。フェアはそれ自体がトレードショー、あるいはトレードフェアのように単独のショーとしての意味合いを持つ。カテゴリーはこの「フェア」の上位分類だ。

東京インターナショナル・ギフト・ショーは、縦割りから横割りの流通を作ったことで知られているが、現実には日本のモノの流通は縦割りの中でなければ動きにくい。そこで、縦割りでも動きやすい商品ジャンル構成を確立するため、２０００年に開催した第50回のギフト・ショーから８つのカテゴリーを49のフェアに分けた。欧米流の業態融合店を参考にして、日本流の新提案を行ったのだ。ギフト・ショーはまさにその頃から拡大のスピードを上げていく。

消費動向やトレンドをにらみながら、その後も私はカテゴリーやフェアを頻繁に見直してきた。玩具、文具、金物、陶器、家庭日用品、ハウスウェア、花と緑、香り、家具、寝具、室内装飾品、照明、食品、アパレル、服飾雑貨、アクセサリー、ジュエリー、書籍、雑誌などの問屋（産地問屋と消費地問屋）を集める一方で、百貨店、専門店、コンビニ、ホームセンター、ドラッグストアなど、あらゆる小売り分野の流通に絨毯爆撃のように招待状を毎回送付した。

この繰り返しの中で、ライフスタイルショップやセレクトショップ、コンセプトショップなど、これまでになかった新しい業態融合型の店舗がギフト・ショーを活用することで完成度を高め、存在感を増していった。ギフト・ショーでの商品の見せ方や売り方は、百貨店のショーウインドーや売り場演出にも多大な影響を与えているのである。

トレンドを見逃さない眼

時宜にかなったフェアやカテゴリーは、時として新たな産業形成にも貢献できる。フラワー&グリーンがその好例だ。

1990年に大阪で「国際花と緑の博覧会」、通称、花の万博が開催されたのが一つのきっかけとなり、日本でも1990年代にガーデニングブームが巻き起こった。庭や寄せ植えに使う花苗の消費が増え、ペチュニアの「サフィニア」シリーズが国内外で人気を集め、ギフトに用いられる花鉢では、母の日のカーネーション以外の商品も広く販売され始める。いまに続くガーデニングブームの始まりだ。それに伴い、生花店、園芸店、造園業への注目度も上がり、互いに関連性を持つようになった。

ヨーロッパのフラワーデザイナーが数多く来日し始めたのもこの頃からだ。さまざまな資材を用いた新しいスタイルが生まれるとともに、器やラッピングにも変化が生じた。従来の生花・園芸以外の業界が入り込む環境が整ってきたのである。

花以外のグリーンやガーデニングへの関心が生活者の間で着実に高まりつつあることを肌身で感じ、このうねりが高まることを察知した私は、第36回ギフト・ショー（1993

年9月）では、「今注目のフラワー&グリーンをいかに取り込むか」と題する講演を開き、会場には「フラワー&サンクチュアリ」のコーナーを開設した。そして、翌第37回（1994年2月）からは「フラワー・グリーン&ガーデングッズフェア」の新設に踏み切った。

case 1
フラワー&グリーンフェア

花が一般商品化したのは1990年代前半だ。それまで花は生花店、園芸店でしか扱われず、ハレの日の需要がほとんどだったが、スーパーや量販店で日常的に売られるようになり、価格も下がった。

これには二つの背景がある。一つは全国各地の花卉《かき》地方卸売市場が統合され、集約・大型化したことだ。東京では、1988年4月開場の北足立市場を皮切りに、1990年9月に大田市場、1993年2月に板橋市場、1995年に葛西市場が開場している。これに伴い、多種類の花卉が扱われるようになり、セリの縮小によって新しいバイヤーや若い世代が参入した。既成概念にとらわれない新しい感覚の業者が増えたのだ。

もう一つの背景がバブルの崩壊だ。株価がピークアウトした1990年初めから2年ほど経って、一般市民の間にもじわじわとバブル崩壊の意識が膨らみ、花の世界では儀礼的な贈答や企業の祝い事に贈る花が売れなくなった。それに代わって台頭したのが、パーソナルな目的で使う低価格の花だ。高鮮度を維持できる輸送手段の登場もこの流れに拍車をかけ、いわゆるカジュアルフラワーの流通量を飛躍的に押し上げた。

ギフト・ショーは、パーソナルギフトと生活雑貨の国際見本市だ。新たなライフスタイルを提案し、複数の業界業態との融合を果たしてきた。パーソナルギフト化した花の市場はまさしくこのギフト・ショーのコンセプト通りに変化したと言っていい。

1994年に始まった「フラワー&グリーンフェア」はその後、「フラワー・グリーン&ガーデングッズフェア」と名称を変え、現在も続いている。来場者の関心は強く、観葉植物や小型のインテリアグリーンの人気は依然として高い。花は、いまやセレクトショップやインテリア雑貨店でも欠かせない商材だ。

第45回ギフト・ショー(1998年2月)のテーマは「自然との共生『ガーデニング・ライフ』の魅惑」である。コンセプトは、住まいの中で花や緑を楽しむライフスタイル。マンションなどのベランダでガーデニング、玄関や階段、リビングはもちろんのこと、キッチンやダイニングでは食べられる野菜を栽培する無農薬のガーデニングも流行る。一軒家であれば、エントランスに木やアイアンで作ったガーデンフェンスに花や木をハンギングしたり、花壇を作る。仲のよい夫婦や温かな家族を象徴するマイホーム族のガーデニングが大流行となった。

最近は、サボテンや多肉植物を中心に、身近に置いて楽しめる個性的で変わった植物に人気が出るなど若干の変化は見られるが、花とグリーンが生活者のライフスタイルにしっかりと溶け込んだことは間違いない。「フラワー&グリーンフェア」の新設は、生活者の変化をタイムリーに取り入れ、花や園芸商品周辺の業界の活性化に貢献できた取り組みだったと自負している。

case 2 香りの商品フェア

トレンドを見逃さず、新設したフェアをもう一つ紹介しよう。

第89回ギフト・ショーのテーマは「心地よい暮らしの提案 PARTⅡ」。カテゴリーは、LIFE×DESIGN、パーソナルギフト・マイルーム・マイグッズ、女性のためのテーマビレッジおしゃれ雑貨ワールド、生活雑貨ビレッジ、ホームファッショングッズビレッジ、キャラクター・ライセンス・エンターテインメント、美と健康ビレッジ、GLOBAL（海外パビリオン）の8つだ。

カテゴリーの中にはさまざまなフェアを設けた。アクティブデザイン&クラフトフェア、ホームファニシング&デコラティブフェア、フラワー・グリーン&ガーデングッズフェア。香りの商品フェアは、1996年9月の第42回に新設して以来、毎回企画されている人気のフェアだ。内閣府所管公益社団法人日本アロマ環境協会によれば、アロマに関する動きが目立ち始めたのは1980年代後半だ。森林浴ブームに端を発し、1987年に樹木から抽出した天然エキスを使った芳香、入浴剤が人気を集め、翌年には大手建設会社がオフィスビルや病院などで、香りを使ってストレス解消を図る新規事業を立ち上げている。これらを下地に、1990年代半ばに入ってから第1次ブームが起きた。精油やアロマキャンドルが人気を集め、マスメディアへの露出も増えて、専門誌も創刊された。

香りの商品自体は、1980年代後半からギフト・ショーに出展されていたが、1990年代半ばから俄然、市場が膨らんできたため、ビッグサイト移転を機に私は香りの商品フェアを新設した。このときのギフト・ショーのテーマは「自然との共生『ガーデニング・ライフ』の魅惑」。「草花との共生」イコール「自然との共生」。ポプリ、ハーブの庭栽培も、生活者の間で静かなブームを呼ぶ。そのふくよかな香りをゲストルームや寝室に持ち込み、アロマテラピー（芳香療法）効果を心ゆくまで愉しむ。インテリアとしてのアーティフィシャルフラワーやプリザーブドフラワーに「自然との共生」のテーマのもと、香りのエッセンスをプラスした。香りの商品フェアがテーマにしっくりと溶け込んでいることをおわかりいただけるだろう。以後、同フェアは現在まで続く人気の高いフェアの一つとなっている。百貨店に新たな売り場がこのときからできた。

特設コーナーから常設フェアへの昇格

フェアは新設するだけでなく、入れ替えや休止、改称、集合離散、格上げさせることもある。内容も開催ごとに異なり、特設や1コーナーという形で提案し、反応によってフェアに昇格するものも少なくない。なかには、ショーに昇格するものもある。

たとえば、第63回（2007年2月）のギフト・ショーに併設して開催した「第1回グルメ&ダイニングスタイルショー」の発端は、「食品と生活雑貨の融合」をコンセプトに掲げ、国内外50社あまりの出展社を集めた第48回（1999年9月）の「グルメギフトフェア」だ。食品ギフトをパーソナルギフトの1ジャンルと捉え、食器や雑貨とのコラボレーションを提案した同フェアの人気を受けて、ギフト・ショーから独立。以来、毎回のように規模を拡大しながら現在に至っている。

特別イベントから常設フェアに発展した例もある。同じく第63回では「伝統とModernの日本ブランド〜モダンジャパニーズスタイルコーナー」を新設したが、これは前回の第62回（２００６年９月）で実施した特別イベント「伝統とModernの日本ブランド」からの昇格だ。日本古来の文化・伝統技術や質の高い素材を再発見し、現代のモダンな生活スタイルに取り入れるという趣旨で開催したフェアが好評を博したのである。

現在、同フェアはLIFE×DESIGN内のフェアとして位置づけられ、「現代の生活スタイルにあった和テイストな商品」「伝統的技術や和素材をモダンにアレンジした商品」「日本国内で生産された日本製の商品」といった審査条件をクリアした逸品が出展されている。

フェアは進化し続ける

これから昇格、もしくは独立の可能性もある新設フェアも紹介しよう。第87回からは、ＩｏＴ技術の急速な普及と、ＡＩ技術を用いた最新の家電品やスマートデバイスが台頭し、需要が伸びていることを受け、新たに「ＩｏＴホームプロダクツフェア」を導入した。流通業界や住宅、施設関連の関係者に向けて新たな価値創出の場を提案したフェアだ。

また、このときには感度の高い消費者を中心に拡がりを見せる〝ボタニカル（植物由来）〟なライフスタイル商品を一堂に集めた「ボタニカルライフスタイルフェア」も新設している。日々の生活に花や観葉植物を取り入れたり、アロマやお香などの香り・フレーバーを取り入れる暮らし方はすっかり一般化したが、消費者のニーズはさらに進み、よりボタニカルな商品にシフトしている。インスタグラムではボタニカル調のインテリア空間が多数発信され、身の回りの日用品の成分や由来にこだわる消費志向も拡大基調にある。こうしたトレンドを踏まえての新設だ。

第89回では、日本のファッション産業を支える地域ブランドの実力に着目し、新しいフェアとして「産地ブランドの服飾展」を打ち出した。日本のアパレルやファッション雑貨の産地から生まれる匠の技を、海外の巨大ブランドの下請けにとどまらせてはいけない。職人の技術力や匠の技を産地ブランドとして紹介し、作り手の生の声を反映させたものづくりをアピールすることが日本経済の活性化につながるという問題意識から実施にこぎつけた。

これらの例を見て、フェアの中身がころころ変わるとお思いだろうか。変化が激しく、ついていけないと感じられるだろうか。しかし、この変化こそが重要だ。新しいトレンド、新しい話題、新しい言葉を取り入れ、新しい企画を打ち出すところにギフト・ショーの意義がある。

見慣れたもの、新鮮味がないものであふれた見本市にバイヤーがわざわざやってくるはずがない。バイヤーは新しいものがそこにあるからこそ足を運ぶ。もっと平たく言えば、いまよりも儲かるビジネスの種や芽があるのではないかという強い期待があるから、ギフト・ショーにやってくる。私たちはその期待に応えなければならないのである。

ギフト・ショー人気の要因

3

商談の場としての高い機能

出展社とバイヤーの商談の場に徹する

ギフト・ショーの人気が続いている第3の理由として挙げたいのが、商談の場としての高い機能である。一般客の参加を認めている見本市とは違って、ギフト・ショーは出展社とバイヤーとの商談の場に徹している。会場に足を運んでいただく方すべての信頼を担保するためのポリシーだ。

一般客が来場することで効果や評価が上がることもあり得るが、たいていは〝荒れて〟しまう。出展社が一般客への説明・接客に時間を取られてしまうとどうなるか。バイヤーとの商談に確実に影響が出る。商談のための時間が割けなくなっては本末転倒ではないか。

一般客の来場を認めれば、話題性が上がり、マスメディアでの露出が増える効果も期待できるかもしれない。だが、それによる損失は大きい。ギフト・ショー本来の機能と役割を守ることが私の使命だ。

ギフト・ショーではカメラ撮影をNGとし、入り口でカメラを預かるようにしているが、これは来場者の持ち込むカメラによって新商品が撮影され、知らず知らずのうちに他社に流出する事態を防ぐためだ。ITやSNSが発達し普及しているいま、面白いからという単純な理由で情報を発信することも多い。そのリスクは計り知れない。

もっとも、スマートフォンの時代になってからは、許可のない撮影を完全に防ぐことは難しくなった。だからといって、見過ごすことはできない。来場者と出展社にマイナスになりそうな事態はできるだけ防ぐ。この方針に変わりはない。

現在では少なくなったが、商談とは違った目的、たとえば名簿・名刺集めを目的とする来場者も商談の場が荒れることを防ぐために、できるだけ抑えるようにしている。実を言えば、かつては悪徳業者が横行していたこともあった。特に企業販促品を大量に取引するプレミアム・インセンティブショー（＝PIショー）や、PIショーと未分化だった時代のギフト・ショーでは、実在の商社名や地方の企業を騙り、商品を買って金を払わずに逃げるという〝パクリ屋〟が出没していた。

前金での取引をアドバイスしているが、ノルマを課せられた担当者の中には売り急ぐあまりに後払いでの取引に応じてしまった人もいたようだ。前社長の時代には、担当者から話を聞いて、途中で取引をストップさせ、事なきを得たこともあったという。

ギフト・ショーを舞台にした詐欺行為の責任はすべて主催者にあるわけではないが、被害を防ぎ、安心して商談ができる場の確保は必要だ。出展社と来場者の信頼を損なわないための地道な対策（不良業者リストの作成など）がギフト・ショーの人気を支えている。

来場者の目的は「仕入れ」

私は第89回のギフト・ショーの開会式でのスピーチの最後を、次のような言葉で締めくくった。

「常に時代の半歩先を捉え、さまざまな業態融合を実現し、新たなマーケットを創造・活性化してきたギフト・ショー。出展社様の新商品は、必ずやご来場の皆様のご期待に沿えると確信しております。ぜひ皆様、1件でも多くの商談をお願いします」

1件でも多くの商談を――。これこそがギフト・ショーの願いであり、目的だ。

ギフト・ショーの開催期間は原則平日の3日間。土日はまったくはさんでいない。一般客を対象に含めるのであれば土日開催は有効だが、ギフト・ショーはそうではない。基本的に一般客は入場できない流通業者向けの見本市だ。即売会の機能はゼロ。その場で個々の製品を販売することは固く禁じられている。

なぜ、そこまでこだわっているのか。

ギフト・ショーの来場者は時間の経過とともに多様化し、業種業態のバリエーションは拡がる一方だが、来場者の目的は一貫している。それは「仕入れ」なのだ。

ギフト・ショーに限らず、見本市では透明性と正確性が求められる。当社でも、開催後にはすぐに自社のホームページなどで結果をまとめた「報告書」を公開している。その内容から、来場者の実態やニーズをピックアップしたい。

1990年前後の開催要項を見てみると、「来場対象…百貨店、量販店、ギフトショップ、リビングショップ、インテリアショップ、ファンシーショップ、家庭用品店、装飾品店、文具店、玩具店、化粧品店、コンビニエンスストアなどの小売業者及び卸売業者」となっているが、直近の開催要項では「パーソナルギフトマーケットに携わる国内外の小売り・卸売業者・商社など」だ。これはさまざまな業種店が来場するので書き切れないからだ。

第89回のアンケート結果を見てみると、来場者は「その他小売り」が最も多く全体の27%を占めている。次いで多いのが「卸売」18%、「専門店」15%で、メーカー、販促・記念品・直販関係、訪問・通販、量販店・ホームセンター、百貨店、輸出入商社、商品デザイン・企画などが続く。

５０００人以下の少数ではあるが、レジャー施設・遊園地関係、外食産業、ホテル・旅館・結婚式場、官公庁・公共団体、理美容関連などもある。また、博物館・美術館内のショップ関係者も含まれている。なお、同時開催のLIFE×DESIGNの来場者では、上記のほか、不動産業、設計事務所、建設業、工務店、デベロッパーや商業施設、家主、ＳＰエージェンシー、デザイン事務所なども少なくない。

さて、肝心の目的だ。ギフト・ショーとLIFE×DESIGNの来場者に「来場の主な目的」について尋ねたところ、「新規仕入れのため」（25％）、「仕入れのための情報収集」（31％）、「既存取引先からの招待で、そこからの仕入れ」（10％）。つまり、６割以上の来場者が仕入れ目的ということである。

実際の仕入れに関して尋ねると、「仕入れたい商品（1～10アイテム）があった」が42％、「仕入れたい商品（11～20アイテム）があった」が22％と、これも６割を超えていた。また、仕入れに関して「絶対的な決定権がある」（35％）、「ある程度の決定権はある」（33％）などの回答から、来場者の３分の２が仕入れに関して裁量権を持っていることがわかる。

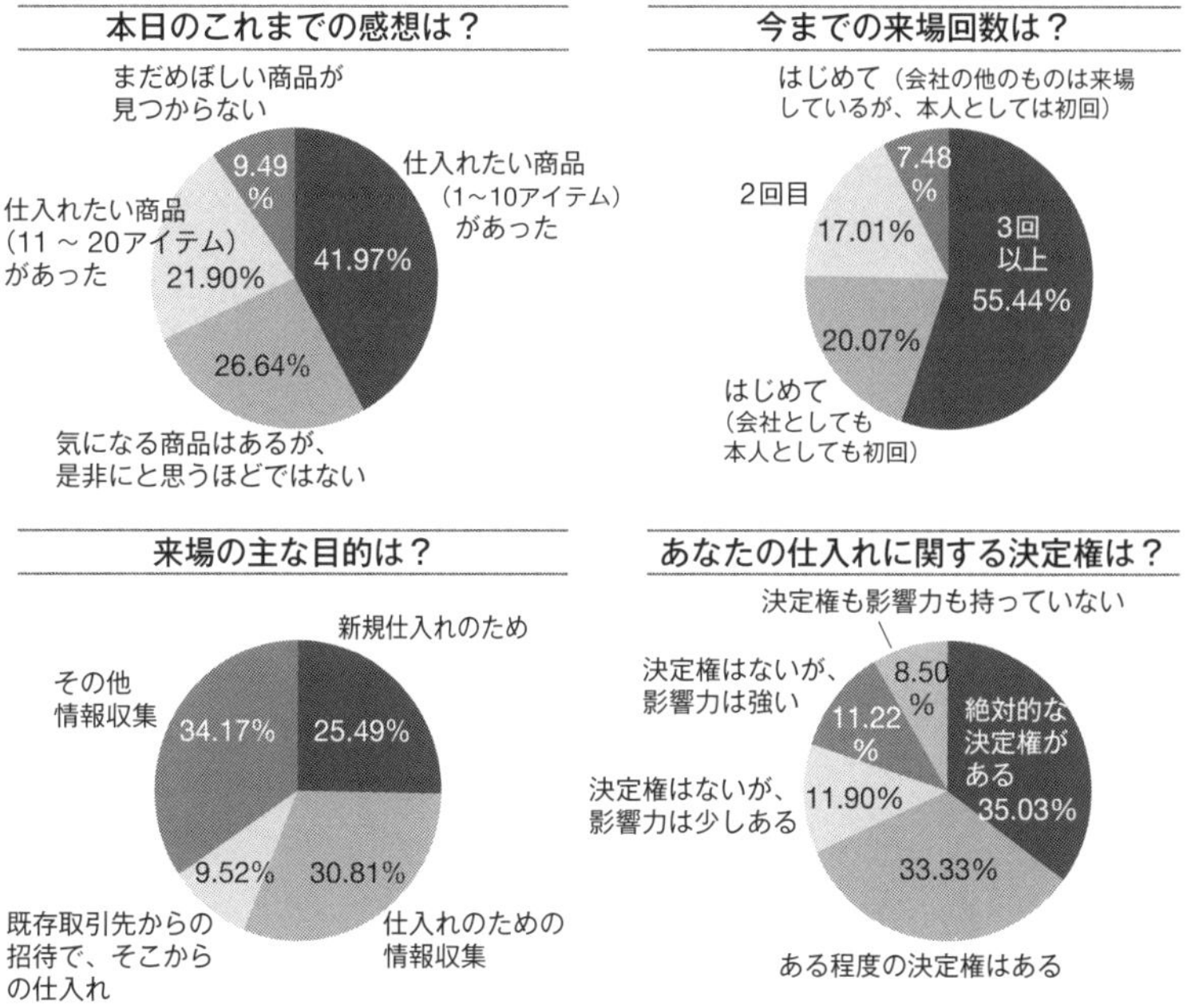

出典：「第89回ギフト・ショー報告書-来場者アンケート」（ビジネスガイド社、26ページより）

このように、来場者が属する企業や組織は多岐にわたり、決して小売店や問屋のバイヤーばかりではないが、仕入れに関する決定権を持つ人が非常に多く、さまざまな業種業態の人々が、ギフト・ショーに商売のタネを求めて来場している。だからこそ私たちは既成概念にとらわれず、来場者のニーズや要望を踏まえて見本市を組み立て、飽くなき「仕入れ」のニーズに応えているのである。

ギフト・ショーでは、初日に来場するバイヤーが最も多い。開場するや否や、小走りにブースに駆けつけ、いち早く目当ての商品を確保しようと懸命なバイヤーが目立つのは、この見本市に商売がかかっているためだ。

それは出展社側も同じである。少しでも多くのバイヤーを引き付けようと、競合他社がしのぎを削る中、期待の新商品、自慢の新アイテムをぶつけ、ブースの飾り付けにも趣向を凝らす。出展社とバイヤーの双方がビジネスの命運をかけてギフト・ショーに臨んでいる。

その意気込みと熱意に応えるためにも、ギフト・ショーは商談で成果を得られるように、見本市としての完成度に磨きをかけていかなければならない。バイヤーは「これぞ」という商品を仕入れ、出展社は販路を拡げ、取引先を拡げる。これこそギフト・ショーにほかならない。

ギフト・ショーがなくなれば商機を失う

見本市は、新製品のお披露目の場所だ。力を注いで開発し、完成にこぎつけた新製品を多くの人にアピールする場所だ。

だが、自社で開催しても訴求力には限りがある。大企業ならいざ知らず、資本力のない中小企業が単独で展示会を開いても効果は薄い。

ギフト・ショーでの受注をベースに年間の事業計画を経て、売上を立てている企業はたくさんある。自社製品をアピールして多くの人に売り込み、注文を受ける場がなくなるということは、そうした企業にとっては死活問題だ。

雑貨関連の業界では、半年前に出た製品はほとんど見向きもされない。新味のある、何か新鮮な要素を備えた製品が求められる。だから、新製品を発表する機会が遅れる、あるいはなくなってしまうと、せっかくの新製品が魅力を失ってしまうことになるのだ。

たとえば、この本を執筆している現在（2020年6月時点）、新型コロナウイルスの感染拡大を受けて、巣ごもり消費が活発化し、「ステイホーム」を充実させることのできるグッズへのニーズが高まっている。おそらく、このトレンドはまだ当分は続きそうだが、だからといって10月に予定しているギフト・ショーを開催しなければ、せっかく旬のトレンドを反映して開発した商品であっても、その魅力が色褪せてしまうことは避けられないだろう。

バイヤーは常に誰も見たことのないものを仕入れたいと考えている。これまでにない斬新な製品を見つけ、すぐに仕入れたいと思っている。その切実な要望に応えてこそのギフト・ショーだ。

現場を回り出展社を発掘する

バイヤーに新しい発見をもたらす商品、仕入れたいと思ってもらえる商品を充実させるため、私はふだんからメーカーを回り、店をめぐり、新商品を探し回っている。そのときの私の目線は常にギフト・ショーを訪れるバイヤーのそれだ。

「すごいなあ」「新しいなあ」「私がバイヤーならぜひとも扱ってみたい」。そう心から感じられる商材や新しい価値を創出しているメーカーには、こちらから働きかけてギフト・ショーへの出展を促している。

私が惹かれるのは、付加価値が高く、独自のストーリーを持っている商品やブランドだ。「伝統＋モダン」「熱い思い」「強烈なこだわり」「アイデア」「デザインセンス」「遊び心」。日本ではこうした要素がなければ、ものは売れない。ありきたりの商品では、ギフト・ショーでは見向きもされない。たくさんの商品やブースの中で埋もれてしまう。

価格の訴求だけでもダメだ。中国製品には決して勝てない。だが、ストーリーがあり、付加価値があり、プラスアルファの強烈な個性がある商品やブランドであれば、チャンスがある。

スタッフに対して私がよく言っている言葉に「現場百回」がある。現場に行かなければわからない、現場に行ってこそ価値のある情報がつかめるという現場主義を示した言葉だ。バイヤーが新しさを感じられるようなもの、目を引くもの、新しい価値があるものは現場に行かなければ見つからない。見つけなければ、お客様が店に入り、売り場を歩いたときに感動を与えることは不可能だ。感動がなければ、ものが売れるはずがない。鮮度の高さ、新しさは商売に直結するのである。

開催時期にこだわりを持つ

ギフト・ショーを毎年2月と9月（例外を除く）に必ず同一会場で開催しているのも、流通業界の動きに対応させ、ギフト・ショーをうまく活用してもらい、仕入れを円滑に進めてもらうためだ。

小売りや卸は、向こう半年間に扱う商品を春夏商戦と秋冬商戦の端境期となるこの時期に仕入れている。先ほど、テーマは「時代を半歩先取り」するものだと述べたが、ギフト・ショーは開催後の半年間の商売を決める場なのだから、一歩や二歩である必要はない。半歩でいい。いや、半歩であることが重要だ。

2月と9月は、決算期を控えている小売りや卸にとっては仕入れの目途を立てやすいという利点もある。その後半年間の商売がうまくいくかどうかは、このときの仕入れにかかっていると言っても過言ではない。

1月の開催では、春夏ものを仕入れるのにまだ早い。産地グループの見本市が多く、大型の見本市はスケジュール的にも入りにくい。3月になると、春夏ものが動き出すので仕入れの時期としてはやや遅すぎるきらいがある。7、8月は休みが多く、バイヤーの足並みが揃いにくい。何より、見本市を開くには暑すぎる。バイヤーにとって最も仕入れに適した時期を突き詰めていくと、おのずと最適な時期は2月と9月になる。1976年の第1回は4月に開催したが、第2回から45年間、一度も中断することなく、例外を除いて毎年2月と9月に開催している所以である。

マッチング精度を上げる手間を惜しまない

商談を実り多いものにしていくために、2009年からはギフト・ショー当日に、大手スーパーや百貨店、問屋のバイヤーと出展社とを引き合わせる無料のビジネスマッチングも実施している。

ビジネスマッチングの仕組みはこうだ。まず、バイヤーにエントリーしてもらい、バイヤーの店舗情報や探している商材情報を全出展社に送る。出展社はそれを見て商談したいバイヤーを選び、当社に連絡を入れてもらう。当社からその情報をバイヤーに送ると、バイヤーは商談したい出展社を選び、再び当社経由で、出展社に連絡し、マッチングの日時を調整する。こうして晴れてギフト・ショーでの商談の運びとなる。

「取引したい」という条件でお互いにいったんフィルタリングしているから、商談の成約率は高い。当社を通しての連絡となるため手間はかかるが、ビジネスマッチングの精度を上げるためには必要な手間だと心得ている。

ありがたいことに流通バイヤーの協力により、ビジネスマッチングコーナーは充実し、比例して成約件数も順調に増えてきた。百貨店や有名専門店とのビジネスマッチングを通して取引にこぎつけ、その後の飛躍の緒をつかんだという会社は枚挙にいとまがない。

第89回では、「町工場NOW!」と題したビジネスマッチングを実施した。日本には約42万もの工場があるが、その中でも大きな割合を占めている町工場は、日本のものづくりや経済を支えている。町工場の技術やその技術を生かした商品の販路を切り拓くための場が「町工場NOW!」だ。

溶接、切削、研磨、プレスなど、町工場が誇る技術の中には、新事業として生かせるものが少なくない。生活財やギフト商材、販促品としてのポテンシャルもある。地場の中小企業の匠の技を新しい製品づくりや暮らし産業のデザインに応用していく「町工場NOW!」では、ものづくりの初心者にもわかりやすいように町工場の技術を伝えることに腐心している。

また、事務局予算は限られてはいるが、ギフト・ショーでは欧米諸国やアジアの優良バイヤーの招待も行っている。海外販路を希望する出展社とのビジネスマッチングだ。海外の有力バイヤーを特別招待し、商談したいバイヤーがいれば直接、出展社のブースに案内をしている。

同時に、海外販路開拓のセミナーを開催し、海外販路開拓を目指す出展社をまとめた海外バイヤー向けガイドブックを作成し配布するなど、日本にいながらにして海外に輸出できる機会の充実も図ってきた。海外販路開拓のサポートはギフト・ショーの重要な役割の一つだ。

ギフト・ショー
人気の要因

4

来場者目線での施設やサービスの充実

来場者の交通手段に配慮する

来場者に対する徹底した配慮も、ギフト・ショーの人気を支えている要因の一つだと見ている。

当社は、出展社から出展料を受領することでギフト・ショーを運営している。その意味で当社にとって出展社は顧客。当社の出版物にとっては広告主でもある。ところが、ギフト・ショーの主催者という立場からすると、出展社と主催者は同じサイドに立ち、来場者、すなわちバイヤーがお客様となる。当社は、準備、運営、指導・連絡、救護、警備といったオーガナイザーとして当たり前の危機管理の責務をこなすほか、来場者に配慮しなければならない。

どのようにすれば安心安全にギフト・ショーを利用してもらえるのか。いかにして、ギフト・ショーを来場者にとって快適かつ実りの多い見本市に仕立てていくか。これはゴールのない永遠の課題ではあるが、一つひとつ不満や不便を減らし、来場者の利便性を上げてきた。

そのいくつかは序章で取り上げたが、ほかにも来場者のために工夫し配慮している点は多々ある。たとえば、お客様をお迎えするための「足」の確保だ。ギフト・ショーの開催期間中には、東京駅からビッグサイトの間はおよそ8時30分から18時まで、片道につき3〜7分間隔で無料送迎バスを運行している。

これは、日本全国からやってくるバイヤーに対するおもてなしの心を形にするため、当社の手配によって実現した交通機関だ。ビッグサイトの場合、ゆりかもめとりんかい線を利用する人が増えてはいるが、このバスは行き来の手段が路線バスしかなかった晴海・東京国際見本市会場時代から続く貴重な「足」として機能している。第89回のギフト・ショーと第7回のLIFE×DESIGNでは、とりわけお客様の誘導をスムーズに行うことができ、クレームはゼロだった。東京駅からバスを出している見本市の主催者は実はそう多くない。費用が高くなるためだが、コストを削減しようとりんかい線国際展示場駅や新木場駅から送迎バスを出しても、鉄道と重なってしまうため、あまり意味がない。来場者にとってメリットがある「足」は何か。東京駅とビッグサイトを結ぶバスはその答えだ。

本物のバイヤーは朝一番のバスでやってくる

ギフト・ショー初日の朝一番の来場者は、誰よりも早く会場入りし、新製品を仕入れる。そして他のバイヤーが仕入れられないように注文を出す。ギフト・ショーの初日にはそれだけ真剣なバイヤーが集まってくる。ディズニーランドと同じように、開場とともにバイヤーは目指すブースに走り出す。このときに大きな効果を発揮するのが東京駅からのバスだ。朝8時からの無料直行バスならば交通混雑も関係ない。乗り換えもなく、乗車するだけで目的地に到着する。利用者にとっては非常に楽な「足」なのだ。

来場者の意欲に応えるために、ギフト・ショーの総合受付は東京駅からの朝一番のバスの到着を待って開場している。実際には午前10時からの開場だが、午前8時半から来場登録を始める。これは、バイヤーが初日の大事な時間をムダにすることのないようにするための取り組みであり、毎回来場される流通バイヤーやＶＩＰバイヤーにも好評だ。

余談ではあるが、バスを利用する来場者の顔には笑顔が浮かんでいるように思う。期待感が高いからだろう。わくわくとした昂揚感を抱いて見本市にやってくる。こうしたバイヤーこそが本物のバイヤーだと思わずにはいられない。このわくわくした気分を私たちも共有させていただいている。

バスと言えば、東展示棟の代わりに約1・4㎞離れた青海展示棟を使うことになった第88回以降、当社は東京ビッグサイトの南展示棟と青海展示棟間にも無料バスの運行を手配し、3～5分間隔で巡回バスを運行している。

第89回では3分間隔の増便により便利となった。さらに安全策として、私はバスの代わりにゆりかもめで青海－東京ビッグサイト間を移動してもらおうと、回数券を買って無料配布した。これにより、青海展示棟も良い会場であることが認知されたように思う。今後も不測の事態が絶対に起きないとは限らない。緊急事態であっても来場者に不便を強いることがないように迅速に代替の手段を用意し、確保する。これはいつも肝に銘じている点である。

流通バイヤー必携の書「バイヤーズガイドブック」

ギフト・ショーの人気を支えている要素としては、バイヤーズガイドブックの存在も欠かすことはできない。このバイヤーズガイドブックには、社名、住所、電話番号、取り扱い商品がもれなく記載されている。ギフト・ショーの開催10日前からバイヤー限定でギフト・ショーアプリから見どころを公開している。指でめくる電子ブック形式のガイドブックと会場図は、ギフト・ショーの予習本として流通バイヤーたちの必携の書になっているという。

ギフト・ショーの予習に
「バイヤーズガイドブック」

バイヤーズガイドブック以外にも、ギフト・ショー事務局では来場者が目指す出展社をスムーズに探し出せるようにPCから検索サイト、予告番組を視聴できる。待ち時間を有効に利用してもらうためのツールだ。

さらに、毎回設けているテーマに沿って、イベントやセミナーも強化している。第89回では、「SDGs（国連が掲げる2030年に向けてのゴール）実践による経営と地域の活性化」や「世界最大級のテクノロジー・カンファレンスCES2020から読み解く5G、IoTの最新情報」「2020年生き残るサブスクの条件とは？各社の事例から見る失敗と事業継続」といった旬のビジネステーマを取り上げたセミナーのほか、「ベテラン雑貨コンサルが打ち明ける雑貨売場の開業運営、10の成功ルール」や「売れるPOPの作り方教室」といった実践的なセミナーを開催し、好評を博した。

私が目指しているのはバイヤーたちに愛されるギフト・ショー、仕入れや今後のビジネスに役立つ見本市だ。「ギフト・ショーにいつも出ていないと、商談の機会を逸する」と言われるようになったのも、こうした努力を続けてきた成果だと考えている。

クレーム対応の先頭に立つ

序章でも一部触れたが、施設面の整備にも力を入れていることは強調しておきたい。来場者や出展社の利便性を上げ、不安点を取り除くために、私は東京ビッグサイトにさまざまな要望を出し、提案を行い、改善に努めてきた。

来場者や出展社のクレームや事故報告は、施設側ではなく主催者に来ることが多いが、これらに応えなければギフト・ショーの未来はない。大げさではなく、私は常にそう考えて行動している。

展示ホールの床には展示に必要な電気や水、ガスなどを供給するためのピット＝溝があるのをご存じだろうか。通常はこれに蓋をしてあるのだが、隙間が開いている蓋とピットの間にハイヒールの踵ごと足が膝まで挟まったという声が当社に寄せられたことがあった。もちろん、私が直接お客様の会社を訪問し、謝罪を行った。

早速、ビッグサイト側に要望したところ、２００９年3月に不良ピットの改修が行われた。この改修工事が行われるまでの間、ギフト・ショー事務局は商品搬入日の夜、ピットの隙間が開いているところをすべて、トラテープで塞いだ。

ビッグサイトの開業初期は車椅子の用意がなく、段差も多かったため、これに対しても要望を申し入れ、改善に至った。身体障害者や高齢者に優しい会場作りは、我々展示会産業では絶対に必要だからである。「善は急げ」は主催者の務めである。当社には、会場の内装や配電、什器や機器のリースといった業者へのクレームも数多く届く。これらにも真摯に耳を傾け、必要とあれば迅速に対応している。

以前、館内の飲食はビッグサイト側の発行するプリペイドカードでなければ利用できないようにするという動きがあった。だが、指定業者のプリペイドカードは発行手数料が高い。それまで、出展社は招待客向けに独自に食券を発行し提供していたが、それができないとなるとコスト負担が重くなる。出展社から不満の声が高まることが予想されたため、私は食券制度を残すようにビッグサイト側に交渉。食券とプリペイドカードの両方を使えるようにしてもらった。いま思い返しても大きな成果だったと思う。

安全対策に万全を期す

2008年8月、東京ビッグサイトの西展示棟アトリウム1階から4階に通じるエスカレーターが逆走するという大きな事故が発生した。ニュース番組や新聞で取り上げられたから、ご記憶の方も多いだろう。

国土交通省の社会資本整備審議会の報告書によると、当日はイベントが開催され、多くの来場者(約4万人)があった。上りのエスカレーターが逆走して、50人が転倒、10人が負傷。調査の結果、ボルトの緩みなどが原因だったとされた。

この事故を重く見た私は日本展示会協会（日展協）の安全対策を見本として、ビッグサイトの担当部署に安全管理体制の充実をお願いした。結果、エスカレーターの管理体制は整い、事故の心配は大きく減った。さらに危機管理マニュアルを作成し、危機管理に通じる問題をともに話し合い、対策を立てさせてもらった。

気になること、危惧されることがあればまずは調べて、解決に向けて動く。ギフト・ショーへの信頼を培っていくにはこうした積み重ねが欠かせない。

スマート物流の導入で出展社コストを軽減

見本市会場の安心安全を担保するには念入りな警備が必要だ。だが、開業当初の東京ビッグサイトは、警備の面で課題があった。

主催者側がイベント警備、施設側が施設警備を行っていたため、情報の共有化ができないなど、さまざまな問題が起きていたのだ。幸い2005年から、東京ビッグサイトは「スマート警備」を導入した。ビッグサイトがイベント警備を請け負い、施設警備とイベント警備を一体化して実施する新しいサービスだ。

共同警備本部を設置して情報を共有することで、警備ノウハウの蓄積が可能になっただけではなく、安心安全と快適性が向上し、警備業務や経費の負担も軽減した。長く見本市を運営していく主催者としては見逃せないメリットだ。

ビッグサイトは「スマート警備」と合わせて「スマート物流」の導入にも踏み切っている。この「スマート物流」とは、出展社から集荷した出品物や機材などの荷物を物流拠点で集約し、展示会場まで配送する仕組みを言う。集荷から搬入搬出、輸送までを主催者とビッグサイトが一体となって管理する体制だ。

「スマート物流」のメリットは大きい。出展社のコストを軽減できるだけでなく、会場周辺の交通渋滞を緩和し、CO_2排出量を削減できるメリットもある。サービスの向上と同時に、環境問題の解決にもつながる新サービスは、2005年2月に開催されたギフト・ショーで部分的に取り入れられ、従来約5000台必要だった車両数を約20％減らすことに成功した。この実績が認められて、同年9月のギフト・ショーでは全面的に導入された。

主催者としては、恒久的な待機場の確保や展示ホール・会議室の増床と増設を強く願ってやまないが、まずは目の前の問題を一つずつ解決していきたい。そして、両者で連携しながらさらなるサービスの向上を図っていく方針だ。

ギフト・ショー人気の要因

5

出展社のレベルを担保する

来場者の期待を裏切らない

ギフト・ショーの人気に寄与している第5の要素は、出展品のレベルの高さにあると考えている。ギフト・ショーに参加できるのは、出展商品がギフト・ショーに合っていることが第一条件。会社の登記簿謄本や会社案内、出展商品の写真やカタログの提出も必要だ。フェアによってはデザイン性や日本で作られた職人の技を現代に生かしたものなど、さらに厳しい条件を設け、バイヤーが取引先として信用できる企業に限定している例もある。たとえば、「アクティブデザイン&クラフトフェア」では、一定のレベルを保つために出展品を審査している。

アクティブデザインとは前衛的なデザインという意味で、全フェアの中でベスト3に入る人気を誇っているため、一定の水準確保は来場者の期待に応えるためにも必須なのだ。

もし著しく見劣りしてしまう商品が並んでしまえば、それは出展社にとっても来場者にとっても不幸でしかない。レベルを保つために、自分たちの目と感度を鍛え、磨き続けていることは言うまでもない。

出展社に対する配慮の例として、ギフト・ショーでは、アジア諸国の企業は日本企業とバッティングするので同時に出展させることはない。

日本のメーカーとアジアや途上国のメーカー、あるいはOEMやODMを請け負うアジア・途上国のメーカーを混在させてしまえば、価格面での差は明らかだ。どうしてもアジア・途上国のメーカーが有利になることは避けられない。

そこで、出展カテゴリーで、「GLOBAL（海外パビリオン）」という形を取り、スペースを明確に棲み分ける形にした。バイヤーが価格面に惹かれてしまうのはある意味、自然な成り行きだが、事情が異なる日本と海外のメーカーを混在させるのはフェアではない。スペースの棲み分けは主催者としては最低限必要な配慮である。

＊＊＊＊＊

以上、ギフト・ショーの人気が衰えない理由について述べてきたが、一言でまとめると、ギフト・ショーは流通のためにすべてのマンパワーを注いできたからこそ、45年続いてきた。メーカーの売り先を確保するために、小売店に魅力的な商品をお届けするために、毎回、新鮮さを失わず、時代時代で変化を続けながら、企業努力を重ねてきたからこそ、多くの方の支持を得ることができた。

決して、何か一つの施策や工夫が当たったからではない。即効薬などどこにもないのだ。人気を長続きさせるには、出展社と来場者の期待に応え続けるしかない。期待値を超える努力を重ねていくしかない。いくつもの施策、いくつもの創意工夫が複合的に効果を発揮し、実現したことがギフト・ショーの人気の秘密ではないだろうか。

第2章

「社会的貢献で顧客の信頼、利益を守る」理念とは

GIFT SHOW

不本意だった就職先で開花した才能

ギフト・ショーが初めて開催されたのは１９７６年。年2回の開催を続け、すでに45年の月日が経過した。今年（２０２０年）の秋のギフト・ショーは90回目の開催だ。ギフト・ショーを主催するビジネスガイド社は１９７１年に設立し、来年には社歴が半世紀に達する。いまや日本の展示会産業の中でも最も古い主催者の一つだ。

５年後には１００回目の開催を迎えるギフト・ショーと、来年8月、設立50年が目前に近づいたビジネスガイド社。両者はいかにして拡大を続けたのか。ギフト・ショーはどのように変遷し、日本の流通や日本人のライフスタイルに変化をもたらしていったのだろう。この章では、「社会的貢献で顧客の信頼、利益を守る」理念を持って成長してきた、ビジネスガイド社とギフト・ショーの足跡をたどっていくことにする。

私は１９８５年にビジネスガイド社に入社した。当時25歳だった。証券会社を経ての入社である。いずれは家業を継ぐことになるだろう。そんな意識は昔から私の中にあった。少年時代の私は喧嘩や遊びが大好きで、学校から帰るとすぐにランドセルを置いて外に出掛けてしまうような子どもだったが、小学校から大学時代まで家業の手伝いは当たり前のようにこなしてきた。郵送物の封入作業を手伝ったり、宛名を書いたこともあった。会場がサンシャインシティに移った大学時代の後半にはビジネスガイド社が発行する本を売りまくった。受付カウンターでの受付業務も経験している。

自分たちで雑誌を作って、自分たちで売る作業に追われるなか、いかに早く封筒に雑誌を詰めて封をするかのスピードを家族で競うことも多かった。どんな作業も外注はせず、忙しい時期には朝から晩まで家族総出で仕事をしたので、家業を継ぐことは自分の将来として違和感なく受け止めていた。それは、私にとって確定した「将来」だった。

しかし、大学を出て、いきなり家業に入る道を選ばなかったのには理由がある。一言で言えば、外の世界を知りたいと考えたのだ。序章でも少し触れたように、ビジネスガイド社は出版社としてスタートし、現在も出版業は事業の柱の一つだ。いずれは家業を継ぐとしても、まずは同じ業種の出版社で修業をした方がいいと考え、就職活動を行った。

だが、私は出版業界には縁がなかったようだ。思うような就職先に出会うことができず、ならば金融や経済の知識を身につけようと志望を変え、T証券の内定を獲得。1983年4月、青山学院大学経済学部を卒業後、社会人としてのスタートを切った。

証券会社では広報の仕事につきたいと考えていたが、実際に働き始めると、私は予想もしていなかった自分の適性に気づくことになる。営業の仕事が性に合っていたのである。

ミッションを達成したのに低評価

証券マンにとって外務員の資格は必要不可欠だ。入社すると誰もが外務員資格を取得し、取得後営業研修を命じられる。この研修期間（1カ月間）に私はわずか2週間で新規5件の契約を獲得し、売買手数料200万円の目標額を達成した。

半年かけてもこの数字を達成できない人が多いなか、入ったばかりの新人が短い研修期間にこれだけの実績をあげたのだ。高く評価されて当然だと思いきや、社内での私への評価はさんざんだった。

研修で配属された支店では、営業マンが朝礼後に外出すると、図書館に直行して居眠りするという悪しき慣行がはびこっていた。しかし、私はそんな連中と一緒にされたくないという気持ちが強く、独自の行動を取ってしまった。ミッションを達成したからには、後は何をしようと自由なはずだ。私は残りの研修期間中にはほとんど仕事をせず、余った時間を支店の近隣の散策や読書に充てて過ごした。

この行動が大きな波紋を呼ぶことになった。私の行動を知った上司たちは激怒し、周りからもチームワークに向かないと槍玉に挙げられた。ミッションを短期間で達成したにもかかわらず、結局、低評価を下された私は大田区の支店配属となった。支店で私に命じられたのは、トイレ掃除やカウンターの雑巾掛け、新聞整理など、始業前のすべての雑務だ。私は4月生まれなので幼少期は同級生より体が大きく、以来、ガキ大将のように振る舞うのが常だった。そんな私が人生において初めて経験する屈辱だった。

とはいえ、業務命令である以上、従うしかない。毎朝始業1時間前の7時半に出社し、トイレ掃除をはじめとする雑務を黙々とこなし、得意先に新聞を持参する。どんな内容でも仕事は仕事だ。手を抜くわけにいかない。地味な作業を必死で続けた。

私を支えていたのは、「どんな仕事でもプロになりたい」という一念だ。それは、決して手を抜くことなく仕事にまっすぐ真剣に向き合って、やり続けてきた両親の姿から心に刻まれた考えだったように思う。

雑務を堅実にこなす毎日を続けていくと、面白いもので、周囲の目がみるみる変わり始め、私への評価が上がっていくではないか。やがて新規の顧客を獲得すると、支店長からはレストランでランチをごちそうになり、先輩からは飲みに誘われる機会も増えた。「社会人になるということは、人のために尽くすこと」という思いが自分の中に自然と芽生えていった。

この考えがプラスに働いたのだろう。1年も経たないうちに、私は新規開拓で月に10～

15件を獲得する営業マンに成長していた。

営業マンの仕事は、人間を評価してもらうこと

私の営業手法にコツはない。とにかくよく歩いて回ることだ。支店のエリアにある家はすべて回っただろう。チャイムを鳴らし反応がない家であっても諦めなかった。粘り強く何度か足を運ぶと、門を開けてくれるようになる家は多いのだ。「用はない」と突っぱねられても、根気強く足を運んだ。もちろん、それでもダメな家はある。だが、インターホン越しでも真面目に話を続けると、その姿を見てくれるのだろう。粘り強さに感心し、やがて門戸を開き、話を聞いてくれるようになる家も少なくなかった。

インターホンを通していかに自分を印象づけるか。このコツを体得したのもこの時期だ。大きなお屋敷ともなれば正面玄関ではなく、裏の通用口が勝負の場となる。応対に出てくる相手も住人ではなくお手伝いさんというケースが多い。そうした人たちを相手に、本来の目的を果たすにはどんな口調で話し、どんな話題から切り出せばいいのか。そのノウハウを身につけ、お手伝いさんも顧客となった。私の話に納得し、中期国債ファンドを

買ってもらったのである。

営業でも何でも、簡単にギブアップしてはいけない。粘り、踏みとどまり、諦めない。地道な営業活動から私が体得した行動原則は現在でも生きている。ギフト・ショーの開催期間中、私は会場内を何度も歩き、会場の周りで不具合がないか、移動にどれくらいの時間がかかるかを自分の足で確かめている。人づてやネットに出ている情報をそのまま鵜呑みにしてはいけない。自分で確認する一手間が大切だ。

通常の社長業務においても歩き回ることは本当に多い。目的は、新規商品や新規出展社の開拓だ。証券マン時代に得た原則は私の体に刻み込まれている。

証券会社の営業活動で得たもう一つの教訓は、引くことの大切さだ。押してばかりでは営業はうまくいかない。これには、支店のある土地柄も影響した。自動車関係の社長や大学教授、それなりに成功した人など、生活や資金にゆとりのある人が多かった。そんな人に対して頭を床にこすりつけて「買ってください」などという営業スタイルは通用しない。

ではどうするか。お客様の立場になって、親身に運用を考えることだ。相手が興味を引きそうな話題や資料を用意して、合わせることだ。むやみに金融商品や人気銘柄を勧めても意味がない。長期戦覚悟で、顧客の資産が増えるような方向性で話をじっくり進めた方が効果はある。

株売買が向かない人には国債や割引債を勧め、はっきりと「株はやめた方がいい」とアドバイスした。営業マンは、商品を売っているのではない。人間を評価してもらうのが営業マンの仕事だと気づくのに長い時間はかからなかった。

展示会に足繁く通って、その効力を実感

証券会社で学んだことはたくさんある。当時、業界で進められていた業務のコンピュータ化も、ビジネスガイド社に入社してから大いに役立った。

1980年代半ばと言えば、それまで非常に高価だった大型コンピュータシステムが、オフコン（オフィスコンピュータ）のワークステーション（机上に収まる端末機）へと置き換わり、多くの企業がCOBOL、FORTRANといったプログラミング言語を用いて、アナログだったデータ管理や会計処理のコンピュータ化に取り組んだ時代だ。証券会社では、各社の事務作業にオフコンが導入され、立会所でのコンピュータ化も進められた。この経験があったからこそ、私はビジネスガイド社に入社するや、顧客管理や発送業務などに積極的にコンピュータを取り入れることができたと言える。

本当の意味で展示会の力を実感したのも証券マン時代だ。株を売るには、まずその会社のことを知らねばならない。私は展示会会場に足繁く通いつめた。ビジネスショーや東京国際見本市、エレクトロニクスショー。関連がありそうな展示会にはことごとく足を運んだ。

会場に行くと、名刺を置いては出展企業のパンフレットを集めて回った。会期中、毎日出掛けてはじっくり見て回ることも多かった。その会社が何をやっているのか、得意分野は何か、差別化できる点は何か。それらを理解しなければ、お客様に勧めることなどできるはずがない。「会社四季報」を見て、新聞を読めば終わり、では不十分だ。当時、私はほぼ全業種の資料を集めていたと思う。

ただし、この手法に問題がないわけではない。資料がたまりすぎるからだ。だが置き場所に困るという難点はあったものの、展示会を回り、資料収集を重ねていくと、だんだんその会社がどのような会社なのかがクリアに見えてくる。

展示会を主催する立場になったいま、このときの経験が生きていることを実感する。この会社はギフト・ショーにふさわしいか、ギフト・ショーに出てもらいたい会社なのか。パンフレットや商品を見るとおおむね分析できるからだ。それまでは「手伝い」という立場で展示会に関わっていたに過ぎなかったが、証券会社に入ってからは来場者の視点で展示会の使い方や効力を体感できた。証券マン時代の大きな収穫である。

トップ営業マンから家業への転身

証券会社へ入社後、1年半を過ぎた頃には、私が受け持つ口座数は300以上に達していた。これはトップの成績だった。自分でも意外なほどに営業が性に合い、証券マンとしての自分の適性を自覚した。証券マンは天職かもしれない。私は、証券業界で生きる決意を固めた。

だが、そこには両親の猛反対が待っていた。家業が軌道に乗り、人手が足りていないことは明らかだった。専務の母親が入院し、ビジネスガイド社は戦力不足に陥っていた。家に戻ってきてほしい、家業をちゃんと継いでほしい。両親の説得に私は根負けし、証券会社には仁義を切って円満に退職。1985年12月にビジネスガイド社に入社した。

入社して配属されたのは編集部だ。当時、ビジネスガイド社は2冊の月刊誌を発行していた。私はその編集部で毎月60ページもの記事を書かなければならなかった。だが、まったくの門外漢のため、専門用語がわからない。まずは専門用語の勉強から始め、取材した内容を文字に起こし、一つずつ確認しながら記事にしていった。月刊誌の誌面の中心は基本的に商品特集だったが、それだけではいまひとつ面白くない。私は法宴（ホテルで催される社葬や故人を偲ぶ会などの宴会）に着目し、特集を組んだことがあった。ブライダルだけではない、新たなホテルの可能性を探り、用途開拓に貢献できた特集だったと思う。全国の直販店の取材を熱心に行ったのも良い思い出だ。私は文学青年でもなければ名文家でもなかったが、いま思い返しても取材や編集はやりがいのある仕事だった。

そんな毎日が1年ほど経った頃だろうか。私は、会社の経営を安定させられる可能性を秘めた見本市事業に興味を持つようになった。見本市事業を見わたせば、効率化できる領域が多数残されていた。証券マン時代に培った営業経験を通して、現在の業務を簡略化したり、電子化を遂行したり、効果的なダイレクトメールや企画を打ち出すことで、見本市の収益をもっと上げられるのではないか。出展社とバイヤーの両方が儲かる仕組みを作れるはずだと考えたのだ。

業界を横断的に歩き回り、取材した内容を記事にする編集の仕事は新鮮で面白かったが、ギフト・ショーを伸ばした方が会社のためになるはずだという思いから、編集部から事業部への異動を決意した。

こうして、私は１９８７年早々からギフト・ショーの事務局の仕事に携わるようになる。それまでのギフト・ショーは社長である父の芳賀忠と社員一人が担当し、ギフト・

ショーの出展社は雑誌の編集と広告営業が集めていたが、私がギフト・ショーの担当になってからは、事務局のスタッフが営業から運営まですべてを取り仕切るようになった。証券会社で培ってきた営業のノウハウを駆使しよう。私だからこそできることが見本市事業にはあるはずだ。ギフト・ショーの運営に奔走する毎日が始まった。

出版社勤務を経て、夫婦でビジネスガイド社設立

ここで、私が跡を継いだビジネスガイド社の歴史を簡単に振り返ってみたい。

早稲田大学で出会った父と母は奨学金を受けながら勉強を続け、ともに出版社に就職した。父・芳賀忠が勤めていたのは、日本の輸出産業をサポートする月刊誌「貿易通信」を発行する貿易通信社。ここで父は広告営業を務め、主に輸出雑貨メーカーを担当した。

母・芳賀久枝は東京大学の先生の法律関係の書物を発行する出版社に勤務、法律書を編集していた。

仕事を通じて、父はギフト関係の雑誌を発行しつつ、展示会を主催する「ＧＲ」というアメリカの出版社を知り、アメリカにおける個人間のギフトの習慣を知ったという。これ

が、後にギフト・ショーの布石となる。

この頃の「メイド・イン・ジャパン」の評判は芳しくなかった。現在は、高品質を保証する世界の共通指標だが、当時は「安かろう悪かろう」の代名詞。父は、仕事を通じて日本と海外製品の事情を知り、まだ未熟であった日本の消費財の悲しい現状と、だからこその可能性や伸びしろを信じたのだろうと思われる。

父と母は1959年に結婚し、やがて夫婦で事業を興す道を模索し始めた。当初は飲食店なども検討していたようだが、いろいろ考えた結果、日本の中小企業の市場開拓を支援したいと考え、1971年8月に出版社を設立する。これがビジネスガイド社の始まりだ。

どんな出版物を出すべきか――父は仕事を通じて得た貿易や流通、海外事情に関する知識を高度経済成長期を経て逞しくなった日本のマーケットに生かせるのではないかと考えた。アメリカには個人間でプレゼントを贈り合う習慣がある。それらはギフトと呼ばれ、そのための雑誌があり、雑誌を発行する出版社が見本市を主催していることを父はよく知っていた。さらに、薬局から発展して日用品を扱ったり軽食を提供するドラッグストアの文化が、第二次世界大戦の前からアメリカ社会に根付いていることも知識として持ち合わせていた。

翻って日本の雑貨業界を見渡すと、決して良い状況とは言えなかった。この頃、すべての先進国と開発途上国を対象に特恵関税制度＝一般特恵関税を設ける動きが加速し、業界には暗雲が立ち込めていた。

だが、中小企業の生き残る道がないではない。これまで海外輸出頼みだった製品の流れを国内に転じて、個人間のギフトとして雑貨を売れば活路を見出せるはずだ。二人はそう考え、雑貨メーカーの水先案内人となる出版物を刊行する出版社をつくり、中小企業のビジネスをサポートしようと考えたのである。

「ギフトとは何か」の説明から始まった

当時、日本のギフト市場は中元・歳暮の儀礼的な贈答品を中心に、企業の販売促進のための景品や法人の季節贈答品が中心だった。贈答とは「答」（お返し）を伴う「贈」であり、圧倒的にフォーマルな性格が色濃い。市場規模もせいぜい１兆円規模。ギフトという言葉も、少なくとも１９７０年代後半までは人口に膾炙《かいしゃ》した言葉ではなかった。

その一方で、BtoBの世界では販促用ギフトという言葉が生まれていた。１９６４年の東京五輪、１９７０年の日本万国博覧会を契機に日本経済は高度成長期をひた走り、大手企業はシェア拡大を目指してしのぎを削り、販売促進活動が加熱していく。企業から消費者向けに配られた販促用品も爆発的に増えた。こうした販促品は企業が無料で消費者に配る「贈り物」として捉えられ、販促用ギフトと呼ばれるようになったのだ。ただし、販促用品は英語では「ギフト」ではなく、「プレミアム」と呼ばれている。

ビジネスガイド社は会社設立の1カ月前に、雑誌名（第16類）として「ＧＩＦＴ／ぎふと」の商標を申請し、１９７４年3月に正式に登録されたが、当初からギフトと販促用ギフト＝プレミアムを別物として棲み分けてきた。会社設立1年後に開催する見本市でも「ギフト＆プレミアムショー」と名付けて、二つを明確に区別している。

とはいえ、世間的にはギフトに対する知識はほとんどない。「月刊ぎふと」の創刊間もない時期はクライアントの獲得にずいぶん苦労をしたようだ。まず「ギフトとは何か」を説明しなければならず、ギフトという言葉を聞くとすぐに「販促用ギフト」のことだと考えてしまうクライアントに対しては、「販促用ギフトは和製英語であり、本当はプレミアムと言うのが正しい」というところから話を始めなければならなかった。

だが、米国のプロモーションの用例を紹介しながら主張を続けた結果、「販促用ギフト」という日本独特の造語が使われなくなっていく。と同時に、セールスプロモーション・マーケットへの雑貨の供給を目的としたユニークな流通専門誌として「月刊ぎふと」は雑貨業界の人たちの間で知名度を高めていった。比例して広告出稿も増え始め、雑誌の読者はプレミアムのユーザーである大手企業の販売促進部、そしてそのディーラーの百貨店法人外商部、広告代理店、プレミアムサプライヤーなどにも拡がっていった。

ちなみに、「販促用ギフト」以外の「ギフト」の使用例を調べると、1963年7月に髙島屋百貨店が「ローズギフト」という名称を、日用品、おもちゃ、人形、楽器、織物、その他布地、寝具類、食用油、乳製品など複数の区分で商標登録申請している。ただし、この言葉が販促用だったのか贈答品だったのか、どのように使われていたのかは定かではない。

商標の点では、1970年以降1980年代前半まで、ビジネスガイド社を除いて「ギフト」と名のつく登録は見当たらない。贈り物の一般名称として「ギフト」が使われることは少なかった時代に、あえて「ギフト」を雑誌名に冠した両親は間違いなく、先見の明があったと言える。ビジネスガイド社は設立当初からギフトに将来性を見出し、ギフトマーケットの拡大によって中小企業の新しい販路を開拓する役割を担っていたのである。

ギフトとは人と人とのコミュニケーション

ビジネスガイド社を設立した両親の最初の仕事が「月刊ぎふと」の見本、いまの業界でいう「創刊０（ゼロ）号」の制作だ。雑誌発刊の挨拶と併せて、スポンサーを集めることが緊急の課題だった。

雑誌がよく売れた時代とはいえ、できたばかりの出版社がいきなり自社で制作した雑誌を市場に流通させ、そこから利益を得るのはハードルが高い。そもそも、読者がたくさんついているわけではない。そこで、スポンサーから広告収入を得て雑誌を作り、そこから小売り関係者に直接販売する方法を採用した。もちろん、当面は無料配布だ。

創刊号発刊までは、創刊０号を持ってクライアント獲得のための営業活動を行うと同時に、日本全国の軽工業品メーカーに対してもダイレクトメールを発送した。当時、小学５年生だった私も発送作業を手伝った記憶がある。

やがて０号やＤＭを見た輸出会社や問屋から反響があり、「月刊ぎふと」は晴れて１９７１年11月に創刊の日を迎えた。初版部数は６０００部、頁数は１００頁弱。創刊号の表紙には、ある輸出雑貨をモチーフに、赤、青、黒、白の人の横顔が右向きと左向きに並んだ図柄を採用した。後に、この図柄はビジネスガイド社のコーポレートデザインとなり、現在に至っている。ギフトとは人と人とのコミュニケーションにほかならない、という熱いメッセージが込められたデザインだ。

見本市を開こう

創刊後のビジネスガイド社の業務は多忙を極めた。父は朝4時に起きて記事を書き、9時からホンダの軽四輪に「月刊ぎふと」を積んで広告掲載の営業に出掛けた。母は母で子どもを育てながら原稿の編集、雑誌の発送、経理、電話番をこなす毎日だ。子どもの私から見ても、二人が目の回るような忙しさに追われていることは理解できた。

幸い、雑誌の滑り出しは好調だった。現在の出版業界は不況にあえいでいるが、50年前は活況を呈していた。国内向けに販路を作ることを提唱する雑誌の切り口も良かったのだろう。いくつものスポンサーを獲得することができ、輸出雑貨メーカーだけでなく、多方面で注目され、広告収入も上がってきた。

にもかかわらず、「月刊ぎふと」は厳しい闘いを強いられていた。印刷関連の経費が大きく、設立当初は信用がないため現金払いを余儀なくされ、直接原価と人件費を払ったら手元にはほとんど残らなかった。かといって、中小企業の経営の現状を考えれば、広告料を高く設定することは難しい。母は無給で働いていたが、それでも資金繰りは厳しいままだ。次の手を打つべきときが迫っていた。

二人が着目したのは、設立時から父の頭にあった見本市だ。アメリカではギフト雑誌を発行する出版社がギフト関連の見本市を主催している。これにならって、ビジネスガイド社も財務状況を健全化しようと見本市の主催に向けて動き始めた。

見本市に出展すれば新たな販路を開くことができると、「月刊ぎふと」を通して呼び掛ければ、出展社は集めやすい。だが、当時の見本市の主催者は業界団体や業界、組合など公的な機関ばかりで、民間企業が主催する例はほとんどなかった。展示会とは、当時の通産省（現・経産省）や東京都が手掛ける事業であり、民間企業が手を出すべき事業ではないという考え方が関係者の頭にこびりついていたようだ。ましてやビジネスガイド社のような設立2年目の零細企業に会場を貸してくれるところがそう簡単に見つかるはずもない。

解決策として二人は、「日本ギフト・プレミアム協会」という任意団体を設立した。会長には他の団体の適任者を据え、「月刊ぎふと」が協賛し、ビジネスガイド社は事務局として実質的な運営にあたるという形である。

こうしていくつかのハードルを越え、１９７２年11月に「第１回ギフト＆プレミアムショー」が幕を開けた。会場は晴海の東京国際見本市会場南館２階。ちょうどその時期に、自動車やバイクの見本市であり、日本の展示会の草分けでもある「東京モーターショー」が開催されていたため、会期もこれに合わせることにした。

気になる反響はどうだったのか。来場者は3日間で約3800人。南館の2階は300社が入る規模だったが、出展社は100社未満。スケールは小さく、出展品も石鹸箱、たわし、ほうき、ライター、煙管、灰皿、貯金箱などの実用品が中心だ。洗練された雑貨がずらりと並ぶ、現在のギフト・ショーからは想像できない光景だったようだ。「これがギフトなのか」という来場者からの声も多かったと聞く。

しかし、二人は未来を信じていた。本当の意味でのギフトを揃え、多くの人に喜ばれる見本市に育てていこうと逆に意欲を燃やしていった。

問題続出、クレーム多発

こぢんまりとした規模でスタートした「ギフト&プレミアムショー」だったが、ビジネスガイド社の本業や「月刊ぎふと」への効果は大きかった。来場者の中に大手企業の販売促進部や広告代理店、プレミアムディーラーなどが多く、その後の実取引に結びついたケースが多かったのだ。見本市は、販促用ギフト（プレミアム）市場に対する商品供給のショーウインドーとして大きな役割を発揮した。

知名度拡大にも有効だった。プレミアム市場の関連業者やユーザーの間に、「月刊ぎふと」を発行する雑誌社であるビジネスガイド社の名は広く知れわたった。「ギフト&プレミアムショー」は3回ほど晴海で開催した後、1974年下期に東京都立産業会館大手町館に会場を移す。この頃には出展社も200社を超えた。ビジネスガイド社は順調に業績を伸ばしていった。

一方、不具合な面も出てきた。一つには、当初の事業構想との乖離である。海外輸出が厳しくなった日用品・雑貨メーカーの販路を国内に拡げること、その販路として贈答品ルートや企業販促品ルートとは異なる、アメリカにおけるギフトのようなマーケットを構築することが元々の両親の理想だったが、現実は実用性の高い商材が中心だ。マーケットは固定したままだった。

主催者の日本ギフト・プレミアム協会との関係悪化も頭の痛い問題だったようだ。見本市の売上や評価が上がっても、その企画・進行を仕切るのはビジネスガイド社で、協会はそれを承認するだけ。主催者とは名ばかりで、何の旨味も面白味もない。このような不満が協会側から徐々に発せられるようになったのだ。やがて協会独自の意見や行動が増え、父の企画が承認されることは減り、ビジネスガイド社ははしごを外されてしまう。

もう一つの大きな問題が、全日本ギフト連盟連合会が1975年に「第1回合同見本市」を都立産業会館大手町館で主催したことだ。全日本ギフト連盟連合会とは、1965

年に設立されたギフト連盟の後身であり、主に、企業や商店が無料で配るうちわやカレンダーといった販促用ギフト、すなわちビジネスガイド社でいうプレミアムの関連企業で構成されていた。

その後、同連盟は１９８７年６月に発展的解消を遂げ、新たに社団法人全日本ギフト用品協会が設立される。新しい協会の会員構成は贈答用ギフトの卸や小売り、メーカーのほか、ラッピング関係、各種専門学校だ。顔ぶれの違いは、１９６５年から１９８７年にかけて日本における「ギフト」の意味が変化した事実を如実に物語っている。

全日本ギフト連盟連合会が「第１回合同見本市」を開催したのは、ビジネスガイド社の「ギフト&プレミアムショー」でメーカーと卸との間に新たなルートが確立されることに不満を抱いたからだ。販促用ギフトを手掛けてきた彼らとしては当然、面白くはなかったのだろう。自分たちの方が歴史は古いのに、新参者に市場を荒らされると感じたのかもしれない。全日本ギフト連盟連合会は、日本ギフト・プレミアム協会に対して、「同じ業界に二つの団体があるのはいかがなものか」とクレームを申し入れてきた。

このようにいくつもの問題が重なり、父は大きな決断を下す。１９７５年の第９回が終わったあと、「ギフト&プレミアムショー」の企画・運営の一切を日本ギフト・プレミアム協会に委譲し、自分が本当にやりたかった見本市をまた一から作り上げていくという決断だ。

もっとも、その後「ギフト&プレミアムショー」が開かれることはなかった。日本ギフト・プレミアム協会も消滅している。

第1回ギフト・ショー
——新しい見本市の幕開け

自らの手で新しい見本市を立ち上げるにあたり、父はその意図を明確にした。日本人の生活の欧米化は急速に進んでいる。やがては欧米風のパーソナルギフトが盛んになるに違いない。その時期を見据えて、日本におけるパーソナルギフト市場の育成、発展に貢献する見本市とする。それが新たな見本市のコンセプトだ。

実施にあたっては、百貨店にインテリア商品などを納める問屋の団体である東京ルームアクセサリー協会の安達雄太会長を頼った。都立産業会館大手町館で東京ルームアクセサリーショーを主催してきた団体だ。東京ルームアクセサリーショーには、周りにきれいな飾り付けが施された鏡や手の込んだ木彫りの縁の鏡、アンチモニー彫金が施されたテーブル、フォトフレームや宝石箱などが出展されていた。こちらの方がよほど「ギフト」と呼ぶにふさわしい商材だった。
安達会長に合同で見本市を主催したいと提案すると合意が得られ、1976年4月の2日間、現在のギフト・ショーの1回目にあたる「第1回ギフト&ホームアクセサリーショー」が開催された。テーマは「流通のスクランブル交差」。第1章でも触れたように、パーソナルギフトのマーケットと文化の育成に向けて、同一業界内でのメーカー~問屋~小売りという太い商流をいくつも交差させ、縦割りの商流に横軸を通すという変革の意図を表したテーマだ。

都立産業会館大手町館の2階と3階を使った会場に集った出展社数は63社。数としては「ギフト&プレミアムショー」より少なかったが、1社あたりの出品数は上回り、来場者数は6000人とまずまずの結果を残した。第1回としては好スタートと言ってよかった。

出展社からの批判に一歩も引かず

だが、この「ギフト&ホームアクセサリーショー」に対しては出展社から批判が飛び出す。「ギフトというのはレベルの低い販促用ギフトのことなのだから、我々の出展品と一緒にされてもらってはイメージダウンにつながる。見本市の名前から『ギフト』の文字を削除してほしい」というのが一部の出展社の言い分だ。

掲げたテーマ「流通のスクランブル交差」に対しても、表現がきつすぎて混乱を招きかねないという批判が業界内外から寄せられた。また、「ギフト&ホームアクセサリーショーに出展するのなら縁は切る」と問屋に言われて出展を取りやめたメーカーもあったという。

だが、父はギフトとは本来、個人間でやりとりされる贈り物のことであり、消費者にギフトの正しい意味と使い方を広め、ギフトのマーケットと文化を育成させることが、ギフト&ホームアクセサリーショーの最大の目的であると主張して一歩も譲らなかった。

現実に、1960年代の高度経済成長や個人所得の増加を経て、1970年代に入ると個人的なプレゼントの習慣が定着しつつあった。クリスマスプレゼントは大正時代からあったとされるが、それは一部の都市の住人の習慣に過ぎない。高度成長期以前は都会と地方との経済格差が非常に大きく、プレゼントは一般的な習慣にはほど遠かったが、1960年代後半から、まず子どもたちの間でプレゼント交換が拡がり始めた。1970年代中盤からはバレンタインデーが定着し、思いを形にするプレゼントは当たり前の行為になっていく。父や母の予想通りにギフトのポテンシャルが顕在化し始めたのだ。

世の中の情勢も変わりつつあった。1973年の第一次オイルショックの傷も癒え、1

975年半ばから景気は上向きに転じ、個人消費が伸びると、それと歩調を合わせて小売店の業態化も始まった。

1960年代前半までは神戸の「主婦の店」に過ぎなかったダイエーが、60年代後半には日本初のショッピングセンター、すなわち複数の小売りからなる大型商業施設を建設し、1970年代には総合スーパーの全国展開を開始。これにジャスコも続く。1973年にはヨークセブン社が米国企業とライセンス契約し、翌年5月、日本初の本格的なコンビニエンスストアとなるセブン-イレブン豊洲店を開業した。

個人も流通業界も変化していくなかで、パーソナルギフト市場の成長と業態融合の動きを確信していた二人からすれば、旧態依然の意見は取るに足らなかったのだろう。毅然として批判に対峙し、やるべきことを着々と進めたのだ。

舞台はサンシャインシティへ

第1回の開催以降、ビジネスガイド社では「ギフト&ホームアクセサリーショー」の出展社対象を趣味雑貨関係だけでなく消費財全般にまで拡げ、小売り、百貨店、スーパーに向けては徹底した見本市会場への誘致作戦を展開し、DMも頻繁に投げた。その甲斐あって、1977年2月の第3回開催では出展社数100社、来場者数1万1000人とそれぞれ大台を突破。会場も都立産業会館大手町館の3フロアを使用するまでに至った。

もっとも、複数階の展示場を合わせても3000～4000㎡程度。出展社数も100～160社程度で、ビジネスガイド社としてはあまり収益が上がらない。人件費もかけられないため、父はアシスタントと二人でギフト・ショーに対応していた。

そんな中、老朽化により都立産業会館大手町館の取り壊しが決定。1980年3月の第9回ギフト&ホームアクセサリーショーの終了直後に閉鎖された。ギフト&プレミアムショーも、ギフト&ホームアクセサリーショーも立ち上げ時には会場探しに苦労している。展示会や見本市の数は増えたといっても、民間の主催者に対する門戸はまだ狭い。だが、「ギフト&ホームアクセサリーショー」を途絶えさせることはできない。新たな会場探しが始まった。

そこで目をつけたのが、池袋に新しくできたサンシャインシティだ。GHQ占領下では太平洋戦争の戦犯容疑者を多数収容した「巣鴨プリズン」のあった場所に建設されたサンシャインシティは、1973年の着工から5年の歳月をかけて完成し、お膝元の池袋は大規模な複合施設を抱える巨大な〝街〟に変貌していた。

サンシャインシティのランドマークである目玉の「サンシャイン60」は、それまでの日本一だった新宿三井ビルを抜く地上240mの高さを誇り、東京タワー特別展望台を超える「東洋一」の展望台には、連日、長い行列ができていた。さらに、同年10月には、大規模な専門店街、水族館やプラネタリウムのあるワールドインポートマート、劇場や博物館のある文化会館がそれぞれオープン。ホテルや公園ができた1980年の段階で、池袋は最もホットな東京の名所になっていた。

サンシャインシティなら規模も大きく、話題性もある。ギフト&ホームアクセサリーショーの次なる会場としてはサンシャインシティしかない。父は、サンシャインシティの運営会社である新都市開発センター（1986年に株式会社サンシャインシティに改称）の磯崎叡社長に直談判し、快諾を得た。こうしてサンシャインシティ文化会館を舞台に開催されたのが、第10回ギフト&ホームアクセサリーショーだ。

出展社数は195社、来場者数は都立産業会館大手町館時代を大きく上回る2万人超を記録。移転は大成功を勝ち取った。だが、冷静に見れば、これは規模拡大による勝利だろう。都立産業会館大手町館は全階合わせて3000〜4000㎡程度だったが、サンシャインシティ文化会館の面積は1フロアだけで3000㎡前後。会場が1万1500㎡に拡がったことが出展社数と来場者数の増加に直結したのだ。

警備会社や販促会社でのアルバイト経験が生きた

　ギフト・ショーがサンシャインシティ文化会館を会場にして開催された期間は5年半。私は最初の年から受付で本を売ったり車の誘導をやってはいたが、初めの2年間は出展社数の増加と来場者数の増加に伴い、ギフト・ショーの搬入出や来場者の誘導の仕事にも深く関与した。その後は、会場規模の限界から出展社のウエイティングが急増した。大規模展示会として成長期のギフト・ショーの来場客の導線は難しかった。そこで、大学時代に代々木にあった警備会社で晴海の展示会場の警備や屋内警備、路上警備など泊りがけのアルバイトを何度も経験した私は、そこで得た警備に関するノウハウやコツをギフト・ショーに注ぎ込んだのだ。

　見本市における警備の役割は幅広い。バスをスムーズに運行させるのも警備の役割だ。運転手とのやりとりにも、それなりの知識やノウハウが必要になる。バスの本数を増やすよう交渉するのも私の仕事だった。

　だが、東京都はバスの労働組合が強く、東京駅からバスを出してもらおうとしても1台当たり1日に動かせる回数は1回だけ。その数では来場者には不便極まりない。そこで、労働組合への懐柔策としてお弁当を提供することにした。たかが弁当というなかれ。お弁当が出る会社とそうでない会社とでは労働組合の反応がまったく違う。そうしたちょっとした気遣いも、私が警備会社から学んだことの一つである。

見本市の前には、そのほかにも細かな事前対策が必要だ。当時、東京駅の八重洲口に臨時の発着所を設けていたが、そこにバスを停めると必ず周辺のビルや家からクレームが出るため、私は事前に一軒一軒、挨拶に出向いてビール券を配って歩いた。

これは晴海時代も同じである。有楽町線の豊洲駅から晴海の会場までバスを動かすときも事前挨拶を欠かさなかった。あのルートは信号がほとんどないため、会場まではスムーズに到着できる。1日の往復本数は274回にも達したが、それが可能だったのも事前の準備を入念に行ったからだ。警備とは、会場のセキュリティを確保することだけではない。来場者の利便性を上げることも警備の重要ミッションだ。

大学時代、警備会社でのアルバイトを通して、私は適当に休むことの重要性も体得した。会場に1日立っているとどうしても疲れがたまる。それを避けるためには、合間を見てトラックで一休みを取るなど、ところどころで意図的に手を抜くことが必要だ。一生懸命に仕事をやることも大事だが、疲れがたまって効率が落ちては意味がない。「手抜き」と言うと語弊があるかもしれないが、適度な息抜きは不可欠だ。

大学時代には、販促会社でアルバイトをして、スーパーマーケットでアイスクリームなどを試食販売する仕事にも従事したが、これもまたギフト・ショーでは大きな効力を発揮した。どのタイミングで声掛けするのが効果的なのか、話を切り出すにはどうすればいいのか。証券マン時代とは別の、具体的かつ実践的なノウハウを学ぶことができた。

ビジネスガイド社に入り、ギフト・ショーの運営の仕事に就くようになってからは、受付の仕方、接客の方法などアルバイト用に詳細なマニュアルを作成し、ロールプレイングのビデオ作成や本番前にトレーニングを行ったが、この販促会社でのバイト経験が存分に生きたことは言うまでもない。過去に経験した「点」が、ギフト・ショーという「線」につながっていったのだ。

本格的な国際見本市が開幕

サンシャインシティでの初めての開催には特筆すべき点がある。第1回インターナショナル・リビング・ファッション・ショーが同時開催されたことだ。

文化会館に隣接するワールドインポートマートビルには、サンシャインシティのオープンにあわせて1978年2月に設立された製品輸入促進協会（現・対日貿易投資交流促進協会、通称ミプロ）が入居していた。同協会は、諸外国の対日輸出を支援するため、展示会の開催協力、市場情報の提供などを行う財団法人だ。展示会などで一定数以上の欧米企業の出展があれば、文化会館3階の会場費の一部を免除するという制度を設けていた。

新都市開発センターの磯崎社長からも「見本市では欧米のいいものを集めてほしい」と提案され、父は磯崎社長の協力のもと、各国大使館に企業出展の依頼を行う。その結果、アメリカ、イギリス、西ドイツ、フランス、イタリア、カナダからの企業が出展し、同6カ国大使館と製品輸入促進協会の後援を受けて、インターナショナル・リビング・ファッション・ショーが実現した。

規模の点ではまだ他の見本市と比べてさほど大きいとは言えなかったものの、6カ国の欧米諸国から出展がある見本市は当時としては異例中の異例。これを受けて、1981年2月開催の第11回から「ギフト&ホームアクセサリーショー」は「インターナショナル・ギフト・ショー」に名称を変更した。両親の目指していた「パーソナルギフトに関わる本格的な国際見本市」がようやくここに実現したのである。

海外見本市の視察ツアーを企画

有力な海外見本市から日本に応用できるエッセンスを吸収し、ギフト・ショーのクオリティを磨き上げていったことも、日本のパーソナルギフト市場の拡大につながったように思う。

本格的な国際見本市を開催する前から、両親は積極的に海外の見本市に出向き、見識を広めていた。最初に視察したのは、「第1回ギフト&ホームアクセサリーショー」を開催する前年の1975年。向かった先は、西ドイツのフランクフルトで行われる消費財全般の見本市「アンビエンテ」だ。

フランクフルトは800年にわたる見本市の歴史を持ち、会場となるメッセフランクフルトの展示面積は当時日本最大だった晴海の6倍以上と圧倒的な規模を誇っていた。フランクフルト中央駅と直結しているため、アクセスも抜群だ。建物と建物の間などには動く歩道が設置されるなど来場者の利便性も高い。

「アンビエンテ」は毎年2月に開催され、2018年の実績では来場者数13万3582人(内海外:7万8482人)、出展社数4376社(内海外:3544社)。8月に行われる同趣旨の見本市は「テンデンス」という名前で呼ばれており、いずれも1948年前後から開催されている。

日本の見本市と比べると桁違いの規模だが、本場の巨大見本市を直に見てみたい、その体験を多くの仲間と共有したいという気持ちが強かったのだろう。視察にあたって二人は雑貨業界の関係者に直接呼び掛け、「月刊ぎふと」誌で参加者を募り、同行者を集めた。大勢のツアー旅行にすれば個人で海外に行くより安心だ。費用も割安になる。当初は30人ほどの参加者だったが、アメリカ、フランス、イギリスと各地の見本市を視察するようになると評判が拡がり、人数は50~60人の規模に膨らんだ。団長は芳賀忠か芳賀久枝。羽田や成田に集合して結団式を行い、帰国まで概ね行動をともにするという昔ながらの団体旅行だ。

私が常に留守番役として会社で仕事をしていたので、安心して海外視察旅行に出掛けた。ただし、団体旅行と言っても見本市会場での行動はバラバラだ。参加者には、ライバル関係にある人も多い。何より「日本でも売れるのか」「輸入した方がいいか」「それとも日本で製造した方がいいのか」など、皆、独自の課題を持ち向学心に燃えて視察しているため、自然と単独行動になり、引率は大変だったようだ。

海外視察から得たもの

この視察旅行を機にビジネスの幅を拡げ、飛躍のきっかけをつかんだ会社も少なくない。第5章に登場いただく株式会社生活の木は、この視察旅行から新商品のアイデアにつながるヒントを得ている。

その後、ビジネスガイド社にとっても海外の見本市から受けた刺激は大きくプラスに働いた。ニューヨーク国際ギフトフェア（現・NY NOW）を私が視察した際、「アクセント・オン・デザイン」を見て出展品の芸術性の高さに感動したことが契機となり、ギフト・ショーにもその要素を取り入れた。当時の芳賀忠社長と私でニューヨーク国際ギフトフェアの「アクセント・オン・デザイン」に負けない名前を考えた「アクティブデザイン」（前衛的なデザイン）を訴求する「アクティブデザイン＆ハイクオリティ」や「アクティブデザインフェア」というカテゴリーやフェアがそれだ。

ニューヨークから優秀な人材を日本に誘致する交渉はすべて私が行った。1990年から始まったこの取り組みはいまも名称を変え、継続している。第44回（1997年9月）からは「アクティブデザインフェア」となり、インダストリアルデザインとクラフトデザイン（陶器、ガラス、木竹、染織などの大量生産できない工芸品のデザイン）を明確に棲み分けている。

また、海外視察を通して、社の業容も拡がった。当初は大手旅行代理店に依頼していた視察旅行だが、回を重ねるうちに要領がつかめるようになったため、1991年にはグループ会社としてビジネス旅行開発を設立した。毎年、買い付けや情報収集、インセンティブを目的にしたグローバルなギフトやインテリア、生活雑貨の視察や見本市の視察旅行を企画・催行している。海外から学ぶこと、学べること、ビジネスに生かせることはたくさんある。好奇心や知識欲は商売に欠かせない欲求だ。

米最大手の展示会企業から飛び出した買収話

海外見本市の視察は、海外の展示会主催者との交流を育んだことも収穫だった。その一つが、ニューヨーク国際ギフトフェアを主催していたジョージ・リトル・マネジメント社（GLM）という民間会社だ。同社は1924年設立のプランニング企業で、アメリカ最大の見本市主催者でもあり、ニューヨークのほか、ロサンゼルス、サンフランシスコ、ラスベガス、アトランタでもギフトフェアを開催している。ビジネスガイド社では最も参考になる見本市として1970年代後半から何度も現地を訪問し、経営者とも良好な関係を構築していた。

1980年前半には、ビジネスガイド社はGLM社から「買収したい」という突然のオファーを受けている。「まだ設立から日が浅く、日本独特の商慣習があるから難しい」という理由で断ると、「そのうちにお互いに出資して合弁会社をつくろう」と提案されたそうだ。もちろん、共同出資と言っても企業規模が違いすぎる。オファーを受ければ、経営権を握られることは間違いない。両親は、交流の糸を保ちながら消極的な姿勢を取り続けた。するど、今度は「日米の中間のハワイで、夫婦同士でゴルフをしようじゃないか。勝った方が経営権を握って日本のギフト・ショーを仕切ることにしよう」と誘ってきたそうだ。友好を深める意味で安易に受けたが、これは両親にとっては初めてのゴルフ。案の定、負けてしまい、これを機にGLM社は幾度となく合弁会社設立を迫ってきた。

申し出を巧みにかわしているときに入社したのが、ほかならぬ私である。両親は後継者が決まっていることを理由にGLM社に断りを入れた。

このほかにも、ヨーロッパのいくつかの会社から買収を持ち掛けられている。欧米でM&Aはごく当たり前の経営活動だ。展示会業界でも頻繁に行われている。事実、「アンビエンテ」の主催企業は何度もM&Aを繰り返し、GLM社も2014年、エメラルドエクスポジション社に買収された。当社は買収を行う予定はなく、海外の企業と合併する計画もないが、これからも海外の事業者との交友関係を深め、信頼関係を築いていきたいと考えている。

迫りくる国際化の波

サンシャインシティに舞台を移してから5年余が過ぎ、1980年代後半に突入すると、展示会や見本市の業界は目に見えて変わり始めた。国内の展示会・見本市は、社団法人や各産業の組合、自治体や商工会、そして数は少ないが新聞社、出版社などの民間団体による主催が多くなり、新たな運営会社や外資系の運営会社の参入も増え始める。並行して、展示会や見本市の開催数も増えていった。

1986年8月には、英国系のリード エグジビション ジャパンが設立され、1990年にはドイツ系のメッセフランクフルトが設立された（後者は、1987年設立のメッサゴ・ジャパンとの合併により、2000年にメサゴ・メッセフランクフルトに、2018年にメッセフランクフルト ジャパンと改称）。1993年にはミラーフリーマンジャパン

（後にＵＢＭジャパンを経て現・インフォーママーケッツジャパン）が、２００５年には日本イージェイケイが設立された。

外資系企業は、当然ながら出展社を募集するルートが薄く、募集期間が短い。それを克服するには、既存の展示会・見本市をトップセールスでつかまえるのが手っ取り早いということになる。日本生まれの企業や団体が昔からの日本独特の流通を踏まえつつ、コツコツと地道に積み上げていくやり方とは対照的だ。

外資系企業が主催する展示会では料金設定も通常とは異なる。ギフト・ショーの場合、場所にかかわらず1小間の料金は同一だ。だが、外資系では場所によって料金差が設けられることが珍しくない。場所を決める際、ギフト・ショーでは連続出展に関する優先権はあっても皆、平等のくじ引きで決めるのに対し、外資系では主催者の意向が強く働く。

また、外資系がどのような分野でも取り扱う展示会運営専門の会社であるのに対し、日本の主催者は、ビジネスガイド社であればギフトや消費財に特化しているように、主催者は特定の分野に特化し、その分野の成長発展のために展示会を主催するのが常だ。可能な限り、商談の場を重視する点も共通する。

私がビジネスガイド社に入社したのは１９８５年。まさに外資系企業の参入が加速し、業界が国際化の波にさらされていく時期だ。変貌する業界において、ビジネスガイド社は日本の展示会業界の将来を左右する舵取り役を担い始めていた。

ギフト・ショー、国際見本市になる

さきほど業界の国際化について触れたが、これにはもちろん良い面もある。第30回（1990年9月）のギフト・ショーには「USパビリオン」が設けられた。米国のギフト産業108社の団体出展が実現したのは、10年ほど前にギフト・ショーを買収しようとしたジョージ・リトル・マネジメント社のおかげだった。

1980年代後半、同社が主催するニューヨーク国際ギフトフェアに、父と私は日本のバイヤー80人を連れて訪問し、関係作りを図った。先方はまだ買収の意思を持っていたものの、それをうまくかわしながら良好な関係を続ける中で、最終的にはギフト・ショーにもニューヨーク国際ギフトフェアの出展社に出展してほしいと私から先方に交渉した。こうして誕生したのが「USパビリオン」だ。

経済産業省の資料によると、現在での「国際展示会」の定義は、海外来場者が5％以上、または、海外出展社が10％以上となっている。しかし、当時は国際やインターナショナルを冠した展示会であっても、海外出展社はそれほど多くなく、「東京インターナショナル・

ギフト・ショー」でも、第28回（1989年8月）で全出展社数870社のうち海外出展社数は34社、第29回（1990年2月）で全952社中海外出展社数は35社に過ぎなかった。

ところが、第30回に「USパビリオン」を開いたことで流れが大きく一変する。全出展社数1145社のうち海外出展社の数はいきなり226社に跳ね上がったのだ。しかも、デザイン性の高い製品を集めた「アクセント・オン・デザイン」というセクションを持つニューヨーク国際ギフトフェアから108社が出展したため、会場は格段に華やかになった。湾岸戦争勃発直後にもかかわらず、開会式にはマイケル・アマコスト駐日大使が来場して挨拶を述べたが、これもギフト・ショーの国際化を象徴する出来事だ。海外出展社の急増でギフト・ショーの評価は一気に高まった。

なお、「USパビリオン」は、第32回では米国企業100社を集めて開催、その後も東京ビッグサイトに移った第42回まで、おおむね1回おきに開催されている。

上海と台湾でギフト・ショーを開催

海外で開催されているギフト・ショーについても触れておきたい。2010年に開催された上海万博を機に、中国が巨大マーケットになることをにらみ、前年の2009年8月、上海マート（上海世貿商城）において「第1回上海国際ギフト展日本館」を開催した。これが「第1回 Gift Show in 上海」だ。出展社の多くは日本メーカーで占められ、バイヤーは中国企業という構成だった。

この後、中国で出展社をフォローするため、2010年2月には上海の現地法人、必极耐斯（上海）会展有限公司を設立した。基本業務は、中国での販路を拡大したい日本のメーカーの支援にある。

「Gift Show in 上海」は2018年12月の第14回まで続けられたが、以降は休止している。ただし、自主展示会の代わりに、現地が開催する中国華東輸出入商品交易会の中に日本館を設け、日本のメーカーを連れて出展している。展示会はいつも盛況だ。2019年3月に開催された第29回は、中国商務部のサポートのもと、上海市、江蘇省、浙江省、安徽省、福建省、江西省、山東省、南京市、寧波市の9省市自治体が共同主催し、総展示面積12・6万㎡の上海新国際博覧センターで開催された。

出展社数は4000社。中国国内外から3万7000人のバイヤーが来場し、日本館では日本の伝統や職人技を生かしてモダンにアレンジした伝統工芸品や健康&フィットネス商品を目玉に、60小間40社の規模で開催した。なお、当社は中国商務部から、日本や海外のバイヤーを誘致するよう要請があり、華東交易会オフィシャル視察ツアーを企画。日本のバイヤー60社と中国の出展社約200社とのマッチングを行っている。

台湾にも2012年に台灣商導會展有限公司を設立し、現地が主催する台湾文博会に約30小間からなる日本館をつくり、日本メーカーを出展させてきた。台湾、中国ともにバイヤーの日本製品に対する関心は高い。ポテンシャルは十分に感じている。この期待に応え、いかに日本製品の魅力や実力を理解してもらって商談へとつなげていくか。やるべきことはまだまだ多いと感じている。

サンシャインシティにあふれた来場者

話を日本のギフト・ショーに戻そう。サンシャインシティに会場を移して5年半。ギフト・ショーに大きな転機が訪れた。

会場はすでに手狭になっていた。目一杯ブースが設営され、通路も狭く、人の行き来もままならない。出展を望む企業が増え、常にウエイティングが続いていた。来場者は押すな押すなの状態だ。おちおちと商談もできないという声が次第に大きくなっていた。

数字からその混雑ぶりを想像していただきたい。ギフト・ショーの来場者は1980年以降、順調に伸び、第20回（1985年9月）は7万9495人、第21回（1986年2月）は11万3000人を記録した。

おわかりだろうか。たった1回で来場者数が40％以上も増加しているのだ。もちろん、第20回、第21回ともに会場はサンシャインシティ文化会館2〜4階（BCDホール）、ワールドインポートマートビル4階（Aホール）、古代オリエント博物館・会議室7階、コナミスポーツクラブ・特別ホール5階（当時はリボン館という名前）を会場内のエスカレーターでつなぎ、満杯で開催した。キャパシティは大きく変わっていない。しかも3日間の会期も同じである。

それでいて3万人以上も来場者が増えている。明らかに商談に支障が出ていた。しかしそれでは、ギフト・ショー本来の意義が失われる。ギフト・ショーは「見せるショー」であってはいけないのだ。

折しも、生活者たちのライフスタイルも変化し、1980年代中盤以降、消費者は自分のライフスタイルへのこだわりを強めていった。それを象徴するのが西武百貨店だ。1983年、西武百貨店は三越を抜いて日本一の百貨店になった。1980年代はまぎれもなく西武百貨店の時代だ。新たなブランドを発掘・育成し、ロフトや無印良品といったこだわり型の新業態を立ち上げ、「じぶん、新発見。」「おいしい生活。」というキャッチコピーを掲げていた西武百貨店は、衣食住の商品だけでなく、余暇生活も含めた生活全般を楽しみ、精神的にも豊かになりたいと志向する消費者の欲求を巧みにすくい取っていた。

ギフト市場の主役がパーソナル市場にシフト

１９８０年代に入ると、ギフトは贈り物や進物、あるいはプレゼントを意味する言葉として広く一般の人々に認識されるようになる。この認識に手を貸したのが、中元贈答を「サマーギフト」、歳暮贈答を「お歳暮ギフト」と打ち出し始めた百貨店だ。のし紙や百貨店の包装紙がまだ大きな意味を持っていた時代だが、それまでフォーマル一辺倒だった贈答品が「ギフト」と呼び替えられることで、カジュアルな印象が強まった。消費者の意識にも影響を与えたことは想像に難くない。

この時代は経済発展に伴って、消費者の価値観が変化し、ライフスタイルが大きく変化した時代でもある。１９８０年代後半からは、パーソナルギフト市場の担い手がファンシーグッズやキャラクターグッズを好むジュニアやティーンから、20代後半のヤングアダルト世代、さらにはアダルト層へと拡がり、市場の拡大に弾みをつけた。

儀礼的なギフトを重んじるシニア層も例外ではない。ちょっとした手土産的な感覚でギフトを贈る機会が増え、中元や歳暮といったフォーマルなギフトであっても、プレゼント的な性質が強まった。1980年代の10年間、パーソナルギフト市場は毎年2桁前後の驚異的な成長を続けたが、これはギフト市場の主役が完全にパーソナル市場にシフトしたことを意味している。

晴海開催への必然

この時代背景に呼応してギフト・ショーも発展を遂げた。小売店はもう、単に商品を並べるだけでは売れなくなった。ライフスタイルを提案する商品や陳列が不可欠だ。いまこそギフト・ショーは時代を先取りし、本格的な「商いのショー」への転換を図らなくてはならない。そのためには規模が必要だ。サンシャインシティ・コンベンションセンターのギフト・ショーは満杯で出展待ちが300社にものぼった。そこでビジネスガイド社は、2倍以上の規模を持つ晴海に会場を移すことを決めた。

晴海の東京国際見本市会場は、他の大規模展示会場の4〜5倍の展示面積を持ち、海外からの参加も多い。晴海へのシフトは、数字的な実績以上にグレードを高めることにつながる。

とはいえ、晴海開催への道のりは容易ではなかった。展示会業界では依然として民間企業に対する貸し出しの門戸は狭く、晴海でも、都や国の機関、社団法人や任意団体、業界団体・組合など、公共性の高い主催者に貸した後、残りの枠があれば民間企業に貸すという姿勢が続いていた。なおかつ、主催希望者が多く、日程は常に埋まっているため、そこにギフト・ショーの日程を確保するのは困難が予想された。

しかし、父と私はサンシャインシティでの成功例を示しながら粘り強く交渉を続け、会場使用の許可を得る。１９８８年2月、第25回のギフト・ショーは晴海で開催され、大盛況となった。晴海移転後の第26回の来場者数は13万３０８７人、次の第27回では15万７０４１人だ。18％増の高い伸びは今日に至るまで、初期を除いてはない。

なお、展示会の開催に関して民間企業が後回しにされる状況はいまも続いている。たとえば、東京都中小企業振興公社が母体の東京都立産業貿易センタービル（東京・浜松町）の展示会場の貸し出し先には優先順位がつけられ、一番目は東京都、次が貿易会社、三番目がそれ以外の業種の会社だ。

もっとも、いま当社は、海外へ進出する日本企業を見本市を通じて支援する貿易業務も行っており、貿易を手掛ける二番目のグループに属しているため、以前よりは会場を予約しやすくはなった。

各地で乱立した「ギフト・ショー」

ようやく晴海の大規模な会場を確保したところで、私たちの前に立ちふさがったのが商標の問題だった。1980年代の後半以降、業種別ではなく「ギフト」という業態で出展社を集める方法が便利だと気づいた団体が、続々と「ギフト・ショー」を名乗り始めていた。

ビジネスガイド社では、月刊誌のタイトルである「GIFT／ぎふと」は雑誌名（第16類）として、創業前の1971年7月に申請し、1974年3月には登録されている。しかし、ギフト・ショーの商標は申請していなかった。そのため、1980年代後半にはギフト関係の見本市が増え、ギフト・ショーと名乗る見本市が多発してしまった。たとえば、大阪のある団体は1980年代後半に「大阪インターギフトショー」を開催している。

この頃、父は病気になり入院生活を送っていたため、仕事どころではなかった。父に代わって、私が何とかするしかない。防衛策として初代社長の芳賀忠は、「インターナショナルギフトショー」と「GIFT SHOW」の第16類の商標を1988年7月に申請し、それぞれ1991年12月と1992年4月に登録された。その間、私は名称変更を依頼しに大阪に出向いて了承を得た（その見本市自体が消滅した）。

しかし、その後も「ギフト」を冠した見本市が増えてくることが予想された。対抗策として神戸ポートアイランド内の神戸国際展示場で、神戸国際交流協会の協力のもと、1989年3月に立ち上げたのが、「第1回インターナショナル・ギフト・ショー西日本」だ。

テーマは「RISE IN THE WEST——すべては西からはじまる」。関西でギフト・ショーを始めるのであれば、本家として何が何でも成功させなければならない。私の肩にかかったプレッシャーは尋常ではなかったが、多方面を駆けずり回り、会場は無事に満杯になった。出展社も400社を超え、大勢の来場者が会場を訪れ、大成功をおさめた。本家の面目躍如である。

第12回を1994年春に開催した後、私は大阪南港のATCホールに会場を移した。これが現在の「大阪インターナショナル・ギフト・ショー」だ。商標としては他にも、1994年7月に「ギフト・ショー」を申請し、1997年10月には第16類の登録を済ませた。「ギフト・ショー」というのれんを守るため、防衛策には力を入れている。

のれんを守る闘い

ところが、またしても困った問題が発生した。商標法が改正されたためだ。１９５９年に旧商標法から新たに制定された日本の商標法では、商標は商品に付されることを前提に第１類から第34類を設定していた。「ぎふと」や「ギフト・ショー」の区分は第16類。すなわち、雑誌、書籍、新聞などの印刷物、紙製品、文房具などの商品に付される商標だ。

一方、諸外国の商標は、商品と役務（サービス）に付されるものとする１９６１年発効のニース協定に準じている。日本も知財の国際化の必要性から１９９０年にニース協定に加盟した。それに伴って、商標の世界で「平成３年法」と呼ばれる改正がなされ、役務の区分として第35類から第42類が追加され（現在は第45類まで）、１９９２年４月から施行された。

そこで、私は「ギフト・ショー」の名称を守るため、なおかつこれまでの出展社が安心して見本市に出展できるようにするために、役務である第35類＝広告、事業、卸売の商標として登録を目指すこととした。

しかし、「ギフト・ショー」はすでに一般名詞化していると言われ、どうにも進捗状況が芳しくない。仕切り直すしか方法がなかった。弁護士・弁理士を立て過去の証拠集めを行い、東京商工会議所やＪＥＴＲＯ（日本貿易振興機構）にギフト・ショーの後援を依頼し、周知証明に力を注いだ結果、ようやく取得に成功。２０００年11月に、「ギフト・ショー」が第35類として登録された。２００２年９月には「インターナショナル／ギフト・ショー」（第35類）が商標登録されていることも付け加えておこう。のれんを守る闘いに「念を入れすぎ」ということはない。

プレミアム・インセンティブショーが生まれた背景

１９９０年に入ると、私はギフト・ショー事務局を離れて編集部に戻った。事務局長として東京ギフト・ショーと西日本ギフト・ショーを掛け持ちしていた頃の忙しさは並大抵ではなかった。オーバーワークがたたり、第３回が終了すると病気になり、入院を余儀なくされたのである。

編集部への異動は静養を取る意味ではあったが、正直に言えば別の事情もあった。父は１９８０年前後から病気に苦しんでいたものの、この頃、いったん小康状態となり、ギフト・ショー事務局の現場に戻ってきた。家族も社員もどれほど安堵したことだろう。

しかし、私も父も率先して動くタイプだ。どちらも「自分がやる」と言い張って引かないところがある。似た者同士が同じ職場で働けば、多少の衝突は避けられない。やがて意見の食い違いが表面化していった。

そこで、私は1990年末頃まで「月刊ぎふと」の編集部に異動していた。ただし、そのとき父は私にこう言った。

「この間に、新しい見本市を考えてみたらどうか」

父の助言を受け、私はギフト・ショーの実態を見つめ直した。不足しているもの、補う点はあるのか、あるとすればそれは何か。私の頭に浮かんだキーワードは「プレミアム・インセンティブ」だ。

プレミアムとは、購入を前提としてお客様に無料で提供する景品、つまり企業などが配る販促品、景品、ノベルティ（記念品）などを指す。具体的には、ギブアウェイのボールペン、ティッシュ、うちわ、家庭日用品の小物など低単価で配布するモノ媒体などがある。イベントで大量に作られるTシャツやジャンパーなどをプレミアムにしたり、購入応募抽選などの素敵な商品が当たるキャンペーングッズなど、さまざまな販売促進の手段がある。

インセンティブとは従業員やディーラーのモチベーションアップのために成績優秀者を

レストランやハワイなどの旅行に連れていったり、イベントで表彰するという取り組みだ。成績優秀者が会社の幹部と同じテーブルにつき、話をする機会を設けるため、社員のやる気増進には大きな効果がある。私はこのプレミアムとインセンティブに特化した見本市実現に向けて動き始めた。

ニューヨーク視察を機に構想が膨らむ

ギフト・ショーの前身であるギフト&プレミアムショーでは、パーソナルギフトを視野に入れていたものの、1970年代前半の段階では、儀礼的な贈答用ギフトと販促用ギフトの出展が中心だった。その後、1976年の第1回ギフト・ショーでアクセサリー、すなわち装飾の要素が加わり、個人のライフスタイルが変わり始めた1980年代には、パーソナルとデザインの要素が高まっていった。

つまり、1980年代終わりには、ギフト・ショーと販促品見本市とのギャップが目につくようになったのだ。販促品のデザイン性はパーソナルギフトと比べるとどうしても見劣りがする。大量に宣伝用品として配布されるため個性的なデザインより万人に受けるものを提案するからだ。流通経路も両者は大きく異なる。ギフト・ショーの流通経路が「メーカー→問屋→小売り→消費者」であるのに対して、プレミアム・インセンティブショー（販促見本市）は、「メーカー特販、メーカー卸→企業ユーザー（キャンペーン実施企業）→消費者」という流れだ。消費者がキャンペーンに参加して応募し、抽選または、景品が無料でもらえるオープンキャンペーンも多い。流通経路が違えば、バイヤーの顔ぶれも当然異なる。販促品のバイヤーは、パーソナルギフトとは違って、企業の販促担当者や外商などに限定される。

第1回から第4回までプレミアム・インセンティブショーは、ギフト・ショーの1ジャンルという扱いだったが、デザイン性や価格も違えば流通経路も異なる二つを同じ見本市の中で同時開催することには無理が生じつつあった。会場を分けた方がお互いにプラスになるのではないかと感じていた私は、ニューヨークに飛んだ。本場で学ぶためだ。ニューヨークプレミアム・インセンティブショーを視察し、AIMというセールスプロモーションの協会に依頼して、店頭プロモーションのPOPを貸し出してもらう約束も取り付けた。視察を経て、プレミアムとインセンティブに照準を合わせた見本市ならば、必ず需要はある。ギフト・ショーとは違う、新しい見本市を確立できると確信した私は、1992年4月にインターナショナルプレミアム・インセンティブショーをギフト・ショーから独立させた。会場はサンシャインシティ・コンベンションセンター。キャッチフレーズは、「日本最大SPマーケットの国際的な専門見本市」、テーマは「シェア争奪戦に勝つSP戦略」だ。

新しい見本市の反響は上々だった。第5回の出展社数は320社を超え、メーカー、卸、商社、印刷関連業などさまざまな業種の企業がブースを構え、企業の販促担当者、広告代理店、百貨店外商部、販促品卸売業など多くの来場者が会場に足を運んだ。ニューヨークのAIMの理事長ブルース・ローキー氏も開会式に参加し、ニューヨークプレミアム・インセンティブショーに展示されていた店頭の広告用品をたくさん展示してもらったのは良い思い出だ。

インターナショナルプレミアム・インセンティブショーは、ニューヨーク視察を機に構想が膨らみ、実現に至った見本市だ。AIMとの深い縁にはただ感謝である。

プレミアム・インセンティブショーは、いまではビジネスガイド社を支える柱の事業の一つに成長した。私が、「月刊ぎふと」の編集部にずっといたら、おそらく実現することはなかっただろう。これも、父が私に新しい見本市の企画を勧めてくれたおかげだった。何事も意味がない経験というものはないのだ。

証券マンスピリッツで活路を拓く

「第1回インターナショナル・ギフト・ショー西日本」を神戸市ポートアイランド内神戸国際展示場で開催してから3年後。1993年9月に私は事業部長に就任した。1989年の東京インターナショナル・ギフト・ショー当時はチーフマネージャーだったが、入退院を繰り返していた父に代わって、指揮を執るようになり、新しく立ち上げたインターナショナルプレミアム・インセンティブショーの事務局長にも就任した。

自らの手でギフト・ショーを動かせるようになったとき、私はギフト・ショーに特化した専門性の高い営業を強化することを決めた。営業では、おもてなしの心を持って接することに努め、単に出展を依頼するだけではなく、出展や商談のノウハウなども提供した。「押すばかりではなく、引くことも重要だ」。証券マン時代に培ったスピリッツとノウハウを駆使するときだと決め、出展社の満足や納得を得ることを優先した営業活動を展開した。その結果、継続出展する企業が増え、出展社から新たな出展社を紹介されるケースも増えていった。

広報活動にも力を入れた。フジサンケイグループに働き掛け、産経新聞に広告を掲載し、タレントを使ったイベントも開催した。「笑っていいとも！」の出演で人気になったオスマン・サンコン氏とケント・デリカット氏のトークショーや、江本孟紀氏による「ギフト・ショーを100倍楽しむ法」というイベントを企画したのもこの頃だ。

お金をかけない地道な活動も手探りで続けた。新聞社や広報関係には自作のニュースリリースを自ら持参した。ギフト・ショー開催時のスタッフは、派遣会社に依頼するのではなく就職情報誌でアルバイトを集め、業務内容からマナーまでしっかりと事務局で研修を行ったうえで仕事に臨んでもらった。

ここで手間を惜しむと、必ずどこかで問題が起きる。問題はゼロにはならないが、ゼロに限りなく近づける努力は必要だ。来場者にも出展社にもギフト・ショーに出てよかった、来てよかったと満足していただくため、地道に堅実にギフト・ショーの運営にあたった。

業者の選定を見直す

晴海時代には、ギフト・ショーに携わる業者の見直しも行った。見本市を開催するにあたっては、さまざまな業者の力が必要だ。電気工事、内装工事、音響工事、什器やリース備品の設置、ブースデザインや基礎工事、一括搬入出の運送業者。それらすべてに専門の業者を入れ、ギフト・ショーを作り上げている。

こうした業者はすべて入札で決定していたが、内容をチェックすると、価格がかなり高いラインで決まっていた。だが、「なんとなく」という感覚のままでは、利益を上げていくことなど不可能だ。私はもっと適正な価格で入札する業者を増やしたいと考えた。

そこで、私が採ったのは、ギフト・ショーの意義や将来性をじっくりと伝え、「ギフト・ショーにぜひ関わりたい」という相手の気持ちを高める方法だ。こちらから「やってほしい」とお願いしてしまうと、入札価格を下げることは難しい。だから、向こうをその気にさせた。ギフト・ショーに関わる意義を伝え、相手が「やりたい」と言う瞬間を待つ。これは、証券マン時代に培ったノウハウの応用編だ。

この方法により、私はギフト・ショーを運営するための経費の大幅削減に成功した。適正な利益を確保できるラインに導いたのである。

晴海会場が抱えていた問題点

順調にギフト・ショーの舵取りをする中で、会場は晴海のままでいいのかと私は悩んでいた。

長らく日本の展示会産業のメインステージであり続けた晴海だが、問題点は多かった。特に深刻な問題だったのは、夏のエアコン対策だ。空調が使用できる館は、恒久館と呼ばれる東館、西館、新館1階の3館だけで、南館、新館2階には空調設備はなく、夏場は灼熱地獄だった。仮設館のA館、B館、C館は、開催するたびにクーリングタワーを作り、遠くに冷気が届くようにダクトを付けなければならず、大きな氷柱を運び込んで対応したこともある。商談を最適な状態で行ってもらうために、毎回、暑さ対策にどれだけ莫大な費用と労力を費やしただろうか。仮設でクーラーをつけるだけで何千万円ものコストがかかった。出展料金が飛んでしまうほどの額だ。

スケジュールに関しても頭を悩ませた。民間への貸し出しが難しい中、ギフト・ショーは何とか会場を晴海に移すことができたが、当初、年2回の開催のうち前半は希望通りに2月に開催できたものの、後半は9月に空きがなく、最初の2回（第26回・1988年、第28回・1989年）は8月23日前後の開催を余儀なくされた。1990年からは9月開催が実現し、会場もほぼフルで使えるようになったが、東京駅や銀座、築地などからバスで行く以外に交通手段がなく、アクセスが悪いという深刻な問題は如何ともしがたかった。

1988年6月には地下鉄有楽町線延伸に伴って、ようやく月島駅、豊洲駅が開業したが、いずれも会場までは3㎞と遠く、歩くと時間がかかる。しかし、バスなら3〜5分で会場に到着する距離だ。そこで、ギフト・ショー事務局は、都バスをチャーターし、会場の最寄り駅である地下鉄有楽町線の豊洲駅と東京国際見本市会場を結ぶ無料巡回バスを会期中に毎日274往復させた。主催者自らバスをチャーターし、豊洲駅から運行させたのは当社が初めてだ。このバスは便利で快適だとたいへん好評だった。

他にも、搬入搬出の際に必ず利用する駐車場の狭さも、展示会会場としては見合わなかったかもしれない。マイカーで来られる方も多かったため、駐車場が足りず、常に大渋滞を招いていた。出展社にとっても駐車場の狭さは大きな問題だった。ギフト・ショーの出展社は中小企業が多く、自ら会場に乗り付け、商品や展示備品を運びこんで飾り付けを行っている。主催者としては駐車場の場所と時間の振り分けにいつも苦慮していた。

そんな中、東京臨海副都心計画が持ち上がり、同じく夢の島である有明に新たな展示会場の建設が決定。1995年に晴海会場は四十数年に及ぶ歴史に幕を下ろすこととなった。

新会場の知名度アップに貢献

都立産業会館大手町館から始まり、サンシャインシティ・コンベンションセンター、さらには晴海の東京国際見本市会場へと舞台を変えてきたギフト・ショーは、１９９６年９月の第42回から会場を東京ビッグサイトにシフトした。

東展示棟の全フロアにあたる１～６ホールを使って開催し、同じ会場使用は第49回（２０００年２月）まで続いている。この間、出展社数は１４００～１８００社と回によってバラつきがあり、来場者数については17万～17・６万人で推移した。

この後、会場面積は着実に拡がっていく。第50回（２０００年９月）を機に西展示棟の１階部分、すなわち１～２ホールとアトリウムが加えられ、次の第51回（２００１年２月）ではさらに西展示棟４階も加わって、東京ビッグサイト全館の使用となった。東展示棟全部で約５万㎡、西展示棟全部で約３万㎡。つまり、展示面積は１・６倍に増えたことになる。

しかし、冷房の設置には苦労のし通しだった。東京ビッグサイトの東展示棟では真夏であっても半分ほどしか冷房が効かなかったのだ。序章で述べたように、私は交渉に交渉を重ねた結果、空調は全館に行きわたるようになり、日射対策についても遮光フィルムを設置することで解決できた。

もう一つ、東京ビッグサイトには大きな問題があった。知名度の低さだ。いまでこそ「展示会=東京ビッグサイト」というイメージを持つ人は多いが、以前はそうではなかった。先行して幕張メッセがあったからだ。

東京ビッグサイトのある「有明」という地名をはっきり認識している人がそもそも少なく、「有明？　佐賀県ですか？」と聞かれることも多かった。東京ビッグサイトの正式名称である「東京国際展示場」を口にすると、「聞いたことがない」と言われることもたびたびだ。認知度の低さは明らかだった。

展示会には「会場」につく客が存在する。幕張メッセの方が国際展示場としての歴史があるため、「展示会と言えば幕張メッセ」というイメージが濃厚だったのは仕方ない。だが、そのままでは集客はままならない。展示会場として東京ビッグサイトを印象づけるためにはどんな方法が効果的か。私は「東京ビッグサイトのギフト・ショー」をアピールするためにパンフレットに大きく「東京ビッグサイト」の名前をうたい、ありとあらゆる販促資材に「東京ビッグサイト」の名前を盛り込んだ。

もちろん東京ビッグサイトも知名度アップのために企業努力を重ねていたが、見本市を盛り上げるためには会場と主催者の両者による強力な販促活動が不可欠だ。私たちの手で、ギフト・ショーの舞台である東京ビッグサイトを宣伝しよう。その一念で販促に取り組んだことで、東京ビッグサイトの知名度アップに貢献できたのではないだろうか。

東京ビッグサイトで回遊性を持たせるには

このように展示会会場としての東京ビッグサイトには問題が残ってはいたが、会場が広くなった効果は大きかった。ギフト・ショーの出展社数は順調に伸びていった。

サンシャインシティから晴海に移転したときには、私は積極的に営業を強化し、「今度、会場が晴海に移るので、ぜひブースを大きく取りましょう」と出展社に働きかけた。これまで1小間や2小間だった出展社には、4小間、10小間を推奨した。せっかく会場が大きくなるのだから、気合をいれてやりましょうと説得し、出展社を集めたのだ。

その結果、サンシャインシティ時代には650社程度の出展社数が、晴海に移ったときには724社に増加し、東京ビッグサイトに移ったときには軽く1000社を超えていた。それにつれて、当社の売上も伸びていく。サンシャインシティ時代の売上は1億~2億円。それが晴海に移ってからは5億円近くに膨らんだ。第51回では、出展社数はついに2000社を超え、来場者数は18万人を突破した。以降は微増を続けている。箱が大きくなる効果は絶大だ。

西展示棟が会場に加わったときには、私はある工夫を凝らした。出展社からすれば、小さい会場よりも大きい会場に出たいと思うのが正直なところだろう。来場者も、大きい会場を優先して回る人の方が多数派だ。

東展示棟はワンフロアだが、西展示棟は1階と4階に分かれ、その間は長いエスカレーターでつながっている。その状況で、西展示棟にも出展社や来場者を集めるにはどうすればいいか。何も手を打たなければ、来場者は東展示棟に集まり、狭い西展示棟は後回しにされてしまう。それでは出展社に申し訳ない。

私は、テーマ性が鍵になると考えた。西展示棟に行きたくなるテーマが必要だ。

そこで、1階部分の増設時には「女性のためのテーマビレッジおしゃれ雑貨ワールド」をテーマに掲げ、化粧品やアクセサリー、オシャレな雑貨など、女性が好みそうな製品を集めることにした。4階部分が増設されたときには、ホームファッショングッズフェアやアクティブデザイン&クラフトフェアなどを導入した。キッチン周りのハイデザインな製品群だ。この策は回遊性を押し上げた。会場が広くなればなるほど、回ってみたくなる工夫が求められる。来場者が行きたくなる「フック」づくりには終わりがない。

ギフト・ショーを衰退させるな

やがて東京ビッグサイトのキャパシティが満杯になったことで新たな課題も見えてきた。もうこれ以上の拡張は不可能であり、出展社をさらに募ることは難しい。それは、主催者にとって新規出展社を獲得する意識が薄れることを意味していた。

新たな出展社を探そうというモチベーションが下がればどうなるか。まず、バイヤー目線で新商品を判別しようとする意識や感覚が衰えていくだろう。余ったエネルギーは、会場の装飾や小間の調整など、トレードショーの本質とは関係のないところに向かいかねない。それはギフト・ショーの停滞を意味する。停滞は衰退の始まりだ。会場をこれ以上広げられないなら、専門性を高めた展示を追求するしかない。私はフェア数を拡大し、各フェアの専門性向上を図ることを決意した。

東京ビッグサイトに移って、一番変わったのはこのフェア構成かもしれない。晴海時代の最後にはフェアの数は13～15に増えていたが、ビッグサイト移転を機に、フェアはさらに増加し、改編も頻繁に行った。フェアを設ける意味や効果については、第1章で「フラワー&グリーンフェア」を例に挙げて詳しく述べたが、ここではギフト・ショーが重点を置いているホームファッションに関するフェアを取り上げたい。

ホームファッションとは、洋服を着換えるように住まいを着換えること。１９８０年代後半に欧米で生まれた新業態であり、インテリアやカーテン・カーペット、家庭用品などが対象に含まれる。

「月刊ぎふと」の後継誌である「月刊Personal Gift」２００５年6月号では、「ホームファッションは多業種の集合で、家具、寝具、アパレル、ファブリック、ルームインテリア、照明器具、ガーデニング、食器、テーブルウェアなどボーダレスになりつつある」とし、さらにリフォームも対象になると説明している。

ホームファッションに似た言葉に、ホームファニシングがあるが、両者の扱う業種に明確な線引きはない。違いを挙げるとすれば、ホームファッションは業界や業態を表し、ホームファニシングは行為や事業を表していることだろうか。

たとえば、業界を代表する企業であるニトリの場合、１９８６年に社名を「株式会社ニトリ」に変更したのに合わせて店名を「ホームファニシング ニトリ」に変更。その後、本州進出を果たし業績を急拡大させた後の１９９８年に店名を「ホームファッション ニトリ」に変更している。ホームファニシングはいまもニトリの事業名として残っており、イケアにもホームファニシングのサービスがある。

ギフト・ショーでは、サンシャインシティ時代の最後にあたる１９８０年代後半からホームファッションにフォーカスし、まず「ヤング&リビングファッションビレッジ」という名で室内装飾関係をまとめたコーナーを新設した。その後、「ルームデコラティブ&インテリアグッズ」（１９９０年頃～）を、第35回（１９９３年2月）には「ホームデコラティブ&インテリアグッズ」としてホームファッションの概念を取り入れた。

続く第36回（１９９３年8～9月）の「ホームデコラティブ&ライティングフェア」を経て、第48回（１９９９年9月）に「ホームファッショングッズフェア」を新設した。このときのガイドブックには「今回の見どころ」として「従来のホームデコラティブ&ライティングとインテリアアートの両フェアを一つのコンセプトで構成。家具、寝装具、アート、インテリア小物など、生活空間を演出するアイテムが大集合」としている。

ギフト・ショーはホームファッションのマーケットがそろそろ熟しそうな頃合いを見計らって大規模で専門性に特化したフェアを打ち上げ、このカテゴリーを目玉の一つに育て上げたのだった。

ホームファニシング&デコラティブフェアの役割

２０００年代に入ってもホームファッションの人気は衰えない。それどころか人気はますます高まり、かつ、テイストが多様化してきた。そこで、ギフト・ショーでは主に、①エレガンス、②シンプル&ナチュラル、③シンプル&モダン、④ラスティック、⑤ポップ&カジュアル、⑥カントリー、⑦クラシック、⑧和風、⑨アジアンテイストの９つのカテゴリーに分けて展開した。

２０００年代後半に入ると、ホームファッションよりもホームファニシングの要素が求められるようになったため、第61回（２００６年2月）のギフト・ショーではフェアの名称を「ホームファニシング&デコラティブフェア」に変更し、現在に至っている。

ただし、ホームファッションがなくなったかというとそうではない。２００６年4月、ギフト・ショーとは別に「インターナショナルホームファッションフェア２００６」を東京ビッグサイトで開催した。ちょうど、イケア・ジャパンの1号店が船橋にオープンしたタイミングに合わせての開催だ。

２０００年代半ばになると、ホームファッションにはリフォームの要素が加わり、さらにリノベーションへと発展していく。少子高齢化が進行するなか、空き家が１０００万戸を超え、若い世代を中心に中古住宅を安く購入してリノベーションを行い、そこに住むという新たなトレンドが生じた。

このトレンドを受けてギフト・ショーからスピンアウトさせたのが、「暮らし・デザイン・新時代」をキャッチコピーに掲げ、暮らし方から住まいをデザインする見本市である「LIFE×DESIGN」だ。現在は、「リノベーション家具フェア」「LIFE STYLINGS」「グランピング」などのフェアも別途、実施している。

「LIFE×DESIGN」には、ギフト・ショーの目玉でもある「アクティブデザイン&クラフトフェア」や「伝統とModernの日本ブランドフェア」があり、ホームファッション関係の出品もその影響を受けている。

ホームファッションの展示に関しては、パリで年2回開催されるインテリアの見本市「メゾン・エ・オブジェ」のプロデューサーの発想を生かした。展示会場で一つの家具を際立たせるために、照明やファブリック（布製品）など周りの一つひとつに気を配り、空間全体で演出するスタイルだ。セットのような形での提案なので、家具のバイヤーばかりではなく、多方面のバイヤーとの接点も生まれやすい。服飾雑貨と洋服をトータルで見せる、同じ世界観のもとで家具や雑貨を同時に販売する。最近では、こうした業態融合型のディスプレイをしたインテリアショップやライフスタイルショップは多い。「ホームファッショングッズフェア」が少なからず影響を与えたと自負している。

こうしたホームファッションの例からもわかるように、ギフト・ショーは常に時代の流れや空気、消費者の志向、流通業界の変化をにらみながら、フェアの名称や内容を見直してきた。そして、家具の流通、新しい売り場づくりや演出スタイル、客層に変化をもたらし、新しい業態の台頭にも手を貸してきた。

もっとも、フェアは多ければ多いほどいいということではない。来場者にフェアそれぞれの個性や特徴、訴求点が明確に伝わらなければ意味がない。だから、整理すべきフェア、新たに立ち上げた方がいいフェアがあるのではないかといつも私は自問している。目指すのは、それぞれのカテゴリーが独立したフェア、見本市としても成り立つような専門性を備えたフェアである。

ギフトの地平線の先にたどりついた理想

以上、駆け足でビジネスガイド社とギフト・ショーの歴史を振り返ってきたが、本章の最後は創業者である父の話で締めたい。1980年前後から症状が出始めた父の病気はいったん小康状態となったものの、その後は肝臓ガンを発症し、回復には至らなかった。2002年1月、69歳の若さでこの世を去った。何事にも一生懸命で凝り性の性格が逆に災いしたのかもしれない。

葬儀は、上野寛永寺で盛大に行われた。喪主は長男であり、当時、専務取締役の私である。本当に多くの方が別れの弔問に来られて、葬儀に参列いただいた。川崎の生田の春秋苑信行寺にある父の墓はいまも訪れる方が多い。展示会と出版事業に注いだ父の情熱は死後もたくさんの方に支持していただいている。どんなに感謝しても感謝しきれない。

ギフト・ショーの会場を晴海に移した頃の話だ。日展協の仲間の誘いで本格的にゴルフを始め、最初に参加したコンペでブービーだった父は、毎朝4〜5時に起きて河川敷で半ラウンドから1ラウンドの練習を続けたところ、その次のコンペでは優勝したという。

このエピソードが示すように、何事も一番でなければダメだというタイプだったが、誰よりも努力を惜しまない人でもあった。どんなに寒い冬でも半袖短パンでランニングを続け、仕事にも運動にも手を抜かなかった。何でも早くやるのが好きで、食べるのも早いし、封入封緘などの作業も早かった。

その点は私もよく似ている。何においても誰にも負けたくないという気持ちが強く、学校の給食は誰よりも早く食べて、おかわりもする子どもだった。幼い頃に雑誌の封入作業を手伝っていた頃も父のスピードに負けまいと必死だった。せっかちで負けず嫌い。父から受け継いだ血を意識せずにはいられない。

父が急逝した後、母が跡を継ぎ、2代目社長としてそれまで以上に社業に打ち込んだ。私が3代目社長に就任したのは、2011年10月。いまから9年前のことである。私に社長の座をバトンタッチするとき、母は「40年前に目指したことが一つの形になり、実現できたという思いで感無量だ」と語った。

両親がギフトに希望を託し、1976年に立ち上げたギフト・ショーは内容を拡げ、会場を変えながらも、日本のメーカーや問屋、小売りを大切にし、日本の産業や業界の発展に寄与するという軸足がぶれることはなかった。「社会的貢献で顧客の信頼、利益を守る」理念を持って、コミュニケーションツールとしてのギフトの地平線を押し広げ、理想を形にしていった。

何事にも負けない忍耐力と、ここぞというときに発揮する決断力。挑戦し、拡大を追求しながらも、本質を守り続ける強い意志と行動力。私はこのスタンス、この志の後継者であり続けたいと思う。

第3章

ギフト・ショーはこうして作られる

GIFT SHOW

現在、ビジネスガイド社は東京インターナショナル・ギフト・ショーを筆頭に、国内では8つの見本市を主催している。それぞれに事務局を設けて運営にあたっているが、回を重ねているから運営が非常に楽、ということはまったくない。ノウハウは豊富に蓄積しているものの、毎回のように問題があり、乗り越えなければならない課題がある。来場するバイヤーたちや出展社の期待に応えるため、やらなければならないことは山積している。それだけに無事に見本市を終え、多くの方々に満足していただいたときの醍醐味は格別だ。

本章では、ギフト・ショーを例に挙げ、当社が見本市をどのようにして企画し運営しているのか、その舞台裏を披露しよう。

ギフト・ショーの開催までの流れ

現在、ビジネスガイド社では事業部が見本市の運営にあたっている。事業部所属の社員は43名。全社員（76名）の過半を占めていることになる。

その中で、東京のギフト・ショーの専任が28名。ほかは、プレミアム・インセンティブショーや大阪ギフト・ショーを担当している。ただし、東京のギフト・ショー開催時には、ほぼ事業部全員で対応する。まさに社員総出の見本市だ。

ギフト・ショーの開催までの流れを簡単にまとめると、次のようになる。

①会場予約
②テーマ設定、要綱作成と発送
③出展営業
④記者会見（今回の出展募集要綱の発表、テーマ、内容等、前回の報告書の発表）
⑤出展社説明会（開催約2カ月前）、小間位置決定
⑥セミナー講師イベント
⑦マッチング準備
⑧記者会見（直前の記者会見でイベントや見どころを発表）、招待状・ポスターの配布
⑨運営の準備（人材・バスの手配）
⑩設営（開催3日前）

ギフト・ショーは前述したように東京ビッグサイトで開催している。ビッグサイトの稼働率はほぼ100％なので、常に2年先の予約を埋めていく形だ。すでに2021年までは予約を入れて会場を押さえている。

時期は毎年2月と9月に固定し、開催はほぼ同じ週の水曜〜金曜日だ（ただし、2020年秋の第90回は、東京五輪・パラリンピックの関係から10月に予定した）。会期は3日間。海外の見本市は4日間、ないしは5日間の開催が通常なので、それに比べると若干短い。

実は、第73回（2012年春）以降、水曜から金曜までの3日間に固定しているが、その前には4日間開催の時期もあった。だが、4日間の開催となると、出展社の負担が重くなる。前後の準備を含めると、ギフト・ショーにほぼ1週間を費やすことになり、とりわけ地方の出展社は業務に支障が出やすい。そこで3日間に固定したわけだ。日本と海外とでは出展社が置かれている環境や業務体制が異なる。日本では3日間の開催がベストな選択ではないだろうか。

平日に開催しているのは、来場者の利便性を考慮しての設定だ。ギフト・ショーは一般客は入れていない。商談を前提としたBtoBのクローズドな見本市であり、業務の一環として皆、会場に足を運んでいる。ギフト・ショーの特性を考えれば、平日開催が適切だと思う。

出展社は、毎年2回連続して出展するところもあれば、2月または9月の1回だけ、あるいは新製品を発表するときのみ出展するところもある。1割が初出展で、全出展社の9

割がギフト・ショーに出展経験がある。出展経験社が多いのは、それだけギフト・ショーの出展効果を実感していただいているからだろう。

初回出展社は審査制

毎回のテーマ設定は、第1章で述べたように私の独断で決定している。消費者が求める商品やサービスを市場に反映するために、毎回、時代のニーズや流行を捉えたテーマを提案しなければならない。どのようなテーマにすべきかと考える時間は苦行ではあるが、楽しくもある。

テーマを考えるうえで留意しているのは、世相の半歩先をつかむことだ。現在のトレンドそのままでも、早すぎても遅すぎてもいけない。半歩先に「何が来そうなのか」「消費者の志向はどう動くのか」。常にアンテナを張って、感性を磨いている。

テーマは、ギフト・ショーが終わるとすぐに考え始め、決定したら、次は要綱の作成だ。要綱の作成に費やす時間は約1カ月。作成したらすぐ発送作業に取り掛かる。出展申し込みの締切は会期の3カ月前。

初回出展社は審査制だ。と言っても、厳しい条件ではない。条件は、法人登記後3年が

ギフト・ショーの取引先（おしゃれ雑貨ワールド）

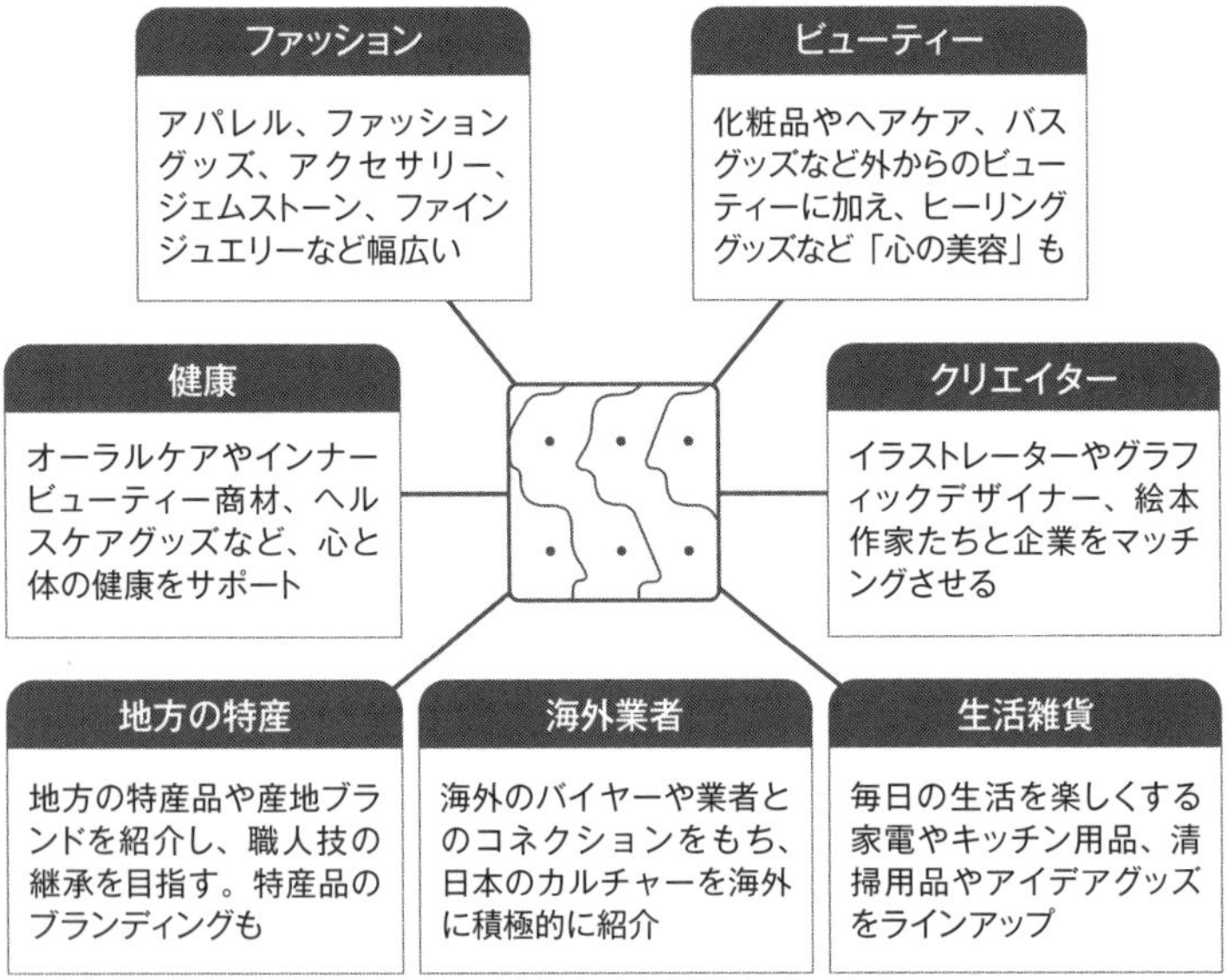
ファッション
アパレル、ファッショングッズ、アクセサリー、ジェムストーン、ファインジュエリーなど幅広い
ビューティー
化粧品やヘアケア、バスグッズなど外からのビューティーに加え、ヒーリンググッズなど「心の美容」も
健康
オーラルケアやインナービューティー商材、ヘルスケアグッズなど、心と体の健康をサポート
クリエイター
イラストレーターやグラフィックデザイナー、絵本作家たちと企業をマッチングさせる
地方の特産
地方の特産品や産地ブランドを紹介し、職人技の継承を目指す。特産品のブランディングも
海外業者
海外のバイヤーや業者とのコネクションをもち、日本のカルチャーを海外に積極的に紹介
生活雑貨
毎日の生活を楽しくする家電やキッチン用品、清掃用品やアイデアグッズをラインアップ

ビジネスガイド社の取引先は上記のように多岐にわたっている。常に半年～1年先の各業界のトレンドを把握し、展示会で広くアウトプット。異なるジャンルの業者やバイヤーを結びつけ、コラボレーションを後押ししている。

経過していること。3年未満の場合は、別途推薦状が必要だ。申し込み時に必須なのは、出展申込書、会社経歴書（会社案内）、登記簿謄本と出展料内金。そして、出展予定の商品写真またはカタログだ。会社に関して審査を行い、商品に関しては公序良俗に反しないことと、出展商品が出展ジャンルに合っているかの審査を行う。ギフト・ショーの一定水準のクオリティを超える商品が集まるのはうれしい限りだ。

出展社の小間位置を決定する

出展社が確定したら、出展社説明会を実施する。時期は、会期日程の約2カ月前。午前中は、大きな小間の出展社を対象とし、午後は1小間や2小間の出展社に対して説明を行う。内容は、ギフト・ショーの今回のテーマやイベントの概要、改善点から始まって、出展・商談のやり方、注意事項などだ。

併せて、出展社の小間位置も抽選で決定していく。40〜50の各出展フェアごとに、①小間数順、②(①で同条件の場合は)優先権の有無、③(②で同条件の場合は)くじ引きで決めていく。優先権とは、ギフト・ショーに、連続5回以上出展すると得られる権利で、1小間プラスした順番になるという特典もある。連続10回以上出展すると特別優先権が与えられ、さらに、連続20回以上の出展社に対しては、最特別優先権が与えられる。

なお、第83回(2017年春)以降、ギフト・ショーから独立して開催しているLIFE×DESIGNについては、「暮らしをデザインするための商品やアイデアを集めた見本市」という特性を鑑み、テーマはギフト・ショーとは別に設定している。また、小間位置についてもギフト・ショーとは異なり、事務局による決定だ。

LIFE×DESIGNは、従来の雑貨流通ルートだけではなく、業界の垣根を越えて建築や設計、不動産など住関連産業や暮らし産業などもターゲットに想定している見本市だ。デザインリテラシーの高い出展社が集まるため、来場者の商品知識は豊富で感度も非常に高い。小間位置を事務局で決めているのは会場全体のクオリティを担保するための方針である。

膨大な数のスタッフが舞台裏で動く

マッチング準備については、第1章で詳しく述べた。ビジネスガイド社が仲介役となり、出展社とバイヤーをマッチングさせる取り組みだ。２００９年から実施し、好評を博しているが、マッチングの精度を上げるための作業量は非常に多い。しかし、負担の多い業務であっても、「このバイヤーはあの商材を好みそうだ」と顔を思い浮かべながら精査していく作業を徹底しているからこそ、ギフト・ショーのビジネスマッチングは高く評価されているのだと思う。

会期日程が目前に近づいてきたら、いよいよ運営の準備が本格化する。生活すべてがギフト・ショーから始まると言っても大げさではない。私たちは、ギフト・ショー開催の3

日前から近くのホテルを借りて現地に詰めている。

ギフト・ショーの運営にあたるスタッフは、受付や誘導も含めて300人ほど。全員がギフト・ショーのジャンパーを着用している。ただし、そのほかにもブースの設営や装飾、電気工事、リースの備品や什器のレンタルをするスタッフがいるので、ギフト・ショーにタッチしているスタッフとなると数はもっと多くなる。出展社、来場者の多い巨大な見本市は、舞台裏で動くスタッフの数も膨大だ。

自社ですべてをやる

開催の3日前からは会場の設営に取り掛かる。主なものは、小間パネルの設置である。小間のサイズは、1小間が3・0m×3・0m×2・7m。出展社には、三面木工システムパネル、パラペット、社名板、折りたたみイス2脚を提供している。

三面木工システムパネルは、隣接する小間との間仕切りに使用する背面パネル1面と袖パネル2面（角小間は袖パネル1面）。このシステムパネルを設置するのは私たちだ。「〇〇フェア」と書かれた突き出し看板や垂れ幕の設置も私たちの手で行っている。ブース内の設営や飾り付けについては各出展社に任せているが、依頼されれば当社から業者を手配することもできる。

先代は、ギフト・ショーの準備は1から10まで自社でやる方針を徹底していた。もちろん、すべてを自社社員でできるわけではないので、できることは自分たちの手でこなし、たとえば駐車場の割り振りなど警備の外部会社との連携が必要な作業については、共同で現場を仕切っていた。

当社では、外部の業者に依頼せず、自社スタッフで準備、運営、会期後の広報などを行っている。招待者へのメールの管理や、データの保管もすべて自社サーバーで管理している。最近は、ショーのより一層の充実を図るため、外部の派遣会社にもご協力をいただき、受付や誘導業務をお願いしている。その際は必ずギフト・ショー研修ビデオを見せ、事前研修を行い、事前情報や対処方法を理解させ、接客をさせている。そして、ギフト・ショーのスタッフは自らが動き、丁寧な接客を試みるホスピタリティを育成していかなければならない。

2012年春の第73回からは、運営作業に「カーペットを敷き詰める」が加わった。ショーをグレードアップするために、会場すべてにカーペットを敷いたのだ。バイヤーに女性が多いことから女性に受ける色合いを考え、ジャンルごとに色を変え、会場は華やいだ。全体的に好評だった。

だが、第89回からは経費節約のため全面的に敷くことは取りやめた。準備期間から会期終了までの全期間にわたって言えることだが、東京五輪・パラリンピックの影響で2019年9月の開催からは会場が狭くなり、出展社数が少なくなった。いまギフト・ショーではなるべく運営コストを抑える方針を打ち出している。

やみくもに拡大を続け、最も景気のいいときの感覚のままでいると、時代の変化についていけず、気がついたら運営が厳しくなっていた、という事態も考えられる。第2章でも触れたが、アメリカの大手見本市主催会社ジョージ・リトル・マネジメント社は2014年にエメラルドエクスポジション社に買収された。理由は経営の不振だ。他山の石以《もっ》て玉を攻《おさ》むべし、である。

コンテストの受賞者は時代を映し出す鏡

すっかりギフト・ショーの名物企画の一つとなったコンテストについても述べておこう。ギフト・ショーでは、これまで90回連続でコンテストを実施してきた。審査に携わるのはそれぞれの業界を代表するブレインたちだ。

部門は全部で5つ。新製品コンテスト、輸入品人気コンテスト、女性のハートをキャッチするギフトグッズコンテスト、キッチン&ダイニンググッズコンテスト、ディスプレイコンテストでそれぞれ大賞と準大賞が選ばれ、グランプリが決定される。

このコンテストは新製品発表の登竜門と言ってもいいだろう。受賞者は、各時代を映し出す鏡だ。マスコミの注目度は非常に高く、入賞すると各方面から引っ張りだこになる。

審査方法は、来場している流通バイヤーに会場で直接投票をしてもらい、上位ランクにノミネートされた商品を専門家の審査員が審査を行う。審査員の顔ぶれは、エトワール海渡アパレル事業部長・瀧島淳一氏、大丸松坂屋百貨店MD戦略推進室・久田明生氏、東急ハンズ新商品開発特命バイヤー・泉徳之氏、雑貨の学校主宰/雑貨コンサルタントGROUP ON THE LIVING代表・富本雅人氏、ワールドフォトプレスモノ・マガジン編集ディレクター・土居輝彦氏、ビジネスガイド社会長・芳賀久枝。そして、ビジネスガイド社代表取締役社長を務める私、芳賀信享である。

LIFE×DESIGNでもアワードを設けている。第7回LIFE×DESIGNアワードは、ベストコンセプト賞(商品のコンセプトやブースデザインのコンセプトが特に優れた商品・出展社)、ベスト匠の技賞(商品開発やものづくりに、優れた技術が用いられている商品・出展社)、ベストサスティナビリティ賞(商品開発やものづくりに、地球環境保護の視点や持続可能性に貢献している商品・出展社）、ベストプレス（RoomClip）賞の４つ。この４つの賞は「暮らし方から住まいをデザインする」を観点に、暮らし産業やリノベーション業界の優れた製品や技術に与えられる。

こちらの審査員はプロダクトデザイナー・喜多俊之氏、大丸松坂屋百貨店ＭＤ戦略推進室・久田明生氏、一般社団法人日本ビオホテル協会代表理事・中石和良氏、ルームクリップ株式会社代表取締役社長・髙重正彦氏、ビジネスガイド社会長・芳賀久枝と、私である。

グルメ＆ダイニングスタイルショーではフード部門、ビバレッジ部門、キッチン＆ダイニングッズ部門に分かれて新製品コンテストを行っている。来場バイヤーの投票と専門家の審査員による審査の結果、大賞、準大賞を決めていく。審査員は、ＪＦＣＳチーフプロデューサー・三井愛氏、ビジネスガイド社会長・芳賀久枝と私である。

ギフト・ショーのコンテストでの入賞者はすべてギフト・ショーの懇親の夕、または、会場入り口のエントランスホールで表彰している。いずれも前途有望な商品や技術揃いだ。コンテストを通して販路を切り拓いたという例は非常に多い。いまや権威のあるコンテストではあるが、原石を探し当て、販路開拓に貢献したいというスタンスに変わりはない。コンテスト開催はギフト・ショーの重要な役割である。

プロモーション企画者にスポットライトを当てたい

日本最大級のSPマーケットの国際見本市であるインターナショナルプレミアム・インセンティブショーでは、プロモーション企画コンテストと新製品コンテストを開催している。前者のプロモーション企画コンテストの内容は春と秋とでは異なり、リテールプロモーションアワード（秋）と日本プロモーション企画コンテスト（春）を開催。前の年に活躍したプロモーション企画に対して、プレミアム・インセンティブショー日本プロモーション企画コンテスト実行委員会事務局からアワードを贈呈している。

一方、新製品コンテストは、SPツールコンテスト（人気のプレミアムやノベルティー）、プライムギフトコンテスト（高額商品やインセンティブ向け商材）、女性向け販促品コンテスト（女性をターゲットにした販促品）に分け、それぞれ来場者による投票と審査員の審査で受賞者を決定する。審査員は、電通テックプロダクトデザインセンター次長・仁田五郎氏、電通テッククリエーティブセンター・鈴木統氏、ビジネスガイド社会長・芳賀久枝と私である。

プレミアム・インセンティブショーの各コンテストの中でもとりわけ流通業界から高く評価されているのが、今秋に第6回目を迎えるリテールプロモーションアワードだ。

小売業界では、集客力を高め、販売につなげるためのマーケティング戦術を実店舗において実施している。多種多様な戦術により消費者の購買意欲を引き出すことで、インターネット通販では難しい「プラスαへの購買行動」を促すことが目的だ。このような買い物体験をお客様に提供することこそが実店舗の最大の強みと言える。

そこで、実店舗でのプロモーション・プランニングの創作意欲を高めることを目的に「リテールプロモーションアワード」を立ち上げた。アワードの栄誉に輝くのは、戦略・戦術的に優れ、しかも売りの場面でも注目すべき実績を収めたプロモーションだ。

このコンテストの審査員は、木内勢津子氏（キウチ・ビジュアル・アソシエイツ代表取締役）、坂井田稲之氏（日本プロモーショナル・マーケティング協会顧問）、鈴木秀昭氏（日本小売業協会事務局長）、そして私である。

日本プロモーション企画コンテストでは、1年間に展開された数多くのプロモーションの中で、企画的に優れ、しかも売りの場面でも注目すべき実績を収めたプランニングが対象となる。アワードを受賞したプロモーション企画は、プレミアム・インセンティブショーの特設会場で発表するとともに、表彰式と受賞者によるプレゼンテーションを実施

第5回 リテールプロモーションアワード受賞企画一覧

受賞企画	実施企業・団体名50音順	
『多言語映像通訳サービス「みえる通訳」』	実施企業	イオンリテール株式会社
	製作・サポート会社	株式会社テリロジーサービスウェア
『オール静岡で取組む「静岡市のプレミアムフライデー」』	実施団体	静岡市プレミアムフライデー官民推進協議会
『日本橋髙島屋S.C. GWイベント「リアル謎解きゲーム 幸せのバラを集めて」』	実施企業	日本橋髙島屋S.C. ／株式会社髙島屋・東神開発
	イベント会社	株式会社ハレガケ
『牛乳石鹸×BEAMS JAPAN「銭湯のススメ。」』	実施企業	BEAMS JAPAN ／牛乳石鹸共進社株式会社 株式会社ビームス
	広告会社	ブックマークジャパン株式会社
	製作・サポート会社	株式会社balance
『スタジオジブリの世界観を体験できる参加型イベント』	実施企業	どんぐり共和国／ベネリック株式会社

第28回 日本プロモーション企画コンテスト受賞企画一覧

受賞企画	実施企業・団体名50音順	
「北斗の拳35周年×京急120周年記念　北斗京急周年のキャンペーン」		
	実施企業	京浜急行電鉄株式会社／株式会社ノース・スターズ・ピクチャーズ
	広告代理店	株式会社京急アドエンタープライズ
「サッポロ生ビール黒ラベル『41種から選べるビヤグラスプレゼント』キャンペーン」		
	実施企業	サッポロビール株式会社
	広告代理店	株式会社大広
「生活習慣サポートサービス『特茶プログラムはじまる！』キャンペーン」		
	実施企業	サントリー食品インターナショナル 株式会社
	広告代理店	株式会社博報堂／ツクリテ
	協力会社	株式会社FiNC ／株式会社THF
「今年は甘いプレゼント！ ゼスプリ KIWI THE HERO キャンペーン」		
	実施企業	ゼスプリ インターナショナル ジャパン株式会社
	広告代理店	株式会社電通
「毎週一生分のいいもの当たる『ドリームチャンス』」		
	実施企業	ソフトバンク株式会社
	広告代理店	株式会社博報堂／株式会社博報堂プロダクツ
「『コカ・コーラ』FIFA ワールドカップキャンペーン」		
	実施企業	日本コカ·コーラ株式会社
	広告代理店	株式会社電通／株式会社 アイ・エム・ジェイ
「ぷっちょあーん4Dゴーグル AGOKUI プレゼントキャンペーン」		
	実施企業	UHA味覚糖株式会社
	広告代理店	株式会社アサツー ディ・ケイ
	サプライヤー	株式会社ピラミッドフィルムクアドラ

している。

企業間のシェア争奪戦が激しくなる中、他社よりも優位に立つ鍵は、「いかに他社よりも優れた販促プロモーションを展開できるか」にかかっている。企業の経営を支えるプロモーションは華やかに見えるが、その舞台を支えているのは、裏方であるプランナーや、苦労をともにしている企業のプロモーション担当者の涙ぐましい努力だ。このコンテストの目的は、そうしたプロモーション企画者に燦然とスポットライトを当て、社会的にその存在が明確に認知され、正当な評価が与えられるようにすることにほかならない。

なお、このコンテストの審査委員は、亀井昭宏氏（早稲田大学名誉教授）、植山周一郎氏（植山事務所代表取締役社長・国際経営コンサルタント）、濱田逸郎氏（江戸川大学名誉教授）、辻井良一氏（バリューマーケティング研究所代表取締役社長）、芳賀康浩氏（青山学院大学経営学部教授）、そして私が担当している。

審査する立場ではあるが、私は毎回、このコンテストが楽しみでならない。プロモーション企画者の創作意欲に触れられるコンテストは至福の瞬間である。

＊＊＊＊＊

以上、ギフト・ショーの運営のおおまかな流れを追ってみた。ギフト・ショーの歴史は45年以上。長い歴史により培われた見本市運営におけるノウハウは業界随一だと自負している。

他社と異なる最大の特徴は、見本市を一貫して自社で提供している点だ。見本市の企画、営業、現場での業務のすべてを直で当社が手掛けているため、窓口を一つに集約できる。どのフェーズにおいても、迅速なフォローが可能だ。

見本市の運営を通して培ったノウハウが自社内に蓄積できているので、どの時期に何をすれば一番出展効果が高まるのかを社員が把握できるのもメリットだ。出展前、出展時、出展後。各段階、各フェーズで各出展社に応じた適切なアドバイスや提案ができるのは、当社の大きな強みである。

来場者のデータについても社内にある自社サーバーで厳重に管理しているため、セキュリティは万全である。そして、出展企業からの問い合わせには常にスピーディーに応えられる。東京ビッグサイトという巨大な会場を押さえ、協力会社や大使館、各協会、官公庁など多くの組織やキーマンとも連携しながら、見本市の運営、警備、交通・宿泊手配をスムーズに行っている点はこれまで高く評価されてきた。この評価に甘んじることなく、アップグレードを重ねていかなければならない。常に自戒している点である。

三位一体構造のアドバンテージ

当社は事業を複数展開している。これもまた、見本市を運営するうえでは大きなアドバンテージだ。

出版業として創業した当社は、1971年に日本初のギフト・プレミアム市場を扱う専門誌として「月刊ぎふと」を発行し、現在は「月刊 Gift PREMIUM」の発行を中心に、見本市ごとに発行される「プレミアムバイヤーズガイドブック」や業界情報を深掘りした単行本を発行している。

グループ会社には、海外で開催される見本市や展示会・コンベンションなどへの効率的な旅行をサポートしているビジネス旅行開発もある。

取材や記事の作成を通して多くの情報が集まる出版事業があるからこそ、時代の趨勢に合った見本市の立案や効果的な開催、さらには出展社や来場者への貴重な情報提供が可能になる。一方、見本市事業があるがゆえに、広告収入が得やすく取材先も確保しやすい。見本市会場を出版物の販売チャネルとすることも可能だ。

旅行会社が傘下にあるため、世界中から出展社や来場者が集まる巨大な見本市を円滑に推進できる。宿泊、交通、弁当などのサービス提供もスムーズだ。また、海外見本市の視察を行っているため、ワールドワイドでのトレンドを捉えた国内外での見本市の主催もできる。

旅行会社と出版事業との相乗効果も大きい。旅行会社があるので、社員の取材をサポートできる。海外の団体とのコネクションが豊富なので、取材を行いやすく、アテンドにも対応可能だ。逆に出版事業があることで、紙面を通して読者モニターツアーや視察ツアーを紹介できる。つまり集客しやすく、旅行会社にメリットをもたらすということだ。

このように、見本市事業と出版事業、旅行会社の3つの事業が相互に関連し、作用し合う三位一体構造が最終的には見本市を活性化し、顧客のビジネス機会の最大化につながるのである。

二つの事業がファンシーショップ市場を拡大した

ギフト・ショーと出版事業、旅行会社の3つの輪を回すことで、新たなマーケットを創出した例は枚挙にいとまがない。代表格がファンシーショップだ。

ファンシーとは本来、空想や装飾品を意味する言葉だが、日本ではかわいらしい装飾やキャラクターのついた少女向けの商品をファンシーグッズと呼ぶことが多い。このファンシーグッズメーカーの先駆けが、株式会社山梨シルクセンター。山梨県庁の職員だった辻信太郎氏が、1960年に絹製品を販売する県の外郭団体を独立させて設立した企業で、後のサンリオである。

辻氏は設立時の本業を早々に撤退し、1962年に苺の絵柄を配した日用雑貨を発売。同社オリジナルデザインの第1号である「いちご」を描いたファンシーグッズは、少女たちの支持を獲得した。サンリオ人気の決定打となったのが、人気イラストレーター水森亜土氏のイラストを採用した陶器類だ。1965年発売のシリーズは「いちご」シリーズの人気を大きく上回り、爆発的なヒットを記録する。1973年4月にはブランド名である「サンリオ」に商号を変更し、1974年には「ハローキティ」商品を発表して、世界的企業への足掛かりを作っていく。その後の飛躍的な成長劇については周知のとおりだ。

個人が個人に気持ちを伝える行為としてモノを贈る「パーソナルギフト」は、1960年代後半から、子どもたちの誕生日会などにプレゼントを贈る習慣として広まりつつあった。このプレゼントとして買い求められたのがファンシーグッズだ。初期のギフト・ショーでも、大区分の名称としてこの「ファンシー」を用いている。

当社でも70年代、「リビングファッション」という雑誌を発行し、パーソナルギフトとファンシーショップを特集していた。ファンシーショップを扱う店のマップを付録でつける号は飛ぶように売れたものだ。渋谷や自由が丘、原宿、吉祥寺といったエリアごとに雑貨店をプロットしたマップを掲載する女性誌や情報誌はいまでは定番だが、当時としては斬新だった。

グリーティングカードがファンシーショップの必須アイテムとなったことにも、当社は一役買った。クリスマスや新年にかわされるグリーティングカードは欧米では盛んだが、日本においては1960年代後半から利用者が増えていった。とりわけ人気を博したのが、山梨シルクセンター時代のサンリオや学習研究社、文具メーカーのミドリだ。サンリオは米国ホールマーク社、学習研究社はアメリカン・グリーティングス社、ミドリは米国ルストクラフト社というグリーティングカードの専門メーカーと提携し、日本人には耳慣れない商材であるグリーティングカードの販売を強化した。

新しい絵柄のグリーティングカードが中高生の間で人気になるにつれて、このカードに描かれていた夢のある可愛い絵柄は次第に文房具や身の回り用品、雑貨に取り入れられ、ファンシー市場が拡大していく。

伸びゆく市場に参入企業が多いのは世の常だ。当初は文具関係の企業が中心だったが、やがては玩具、ぬいぐるみ、アクセサリー、バッグ、衣料、化粧品、食品メーカーなども続々と参入を果たし、ギフト・ショーでも大きな勢力を形成した。友達の誕生日やクリスマスの贈り物として、グリーティングカードやファンシーグッズは欠かせない商品になったのだ。ファンシーキャラクターがテコになり、ミッキーをはじめキャラクタービジネスが繁栄を極めた。

もっとも、生活習慣として欧米の暮らしにしっかりと根付いていたグリーティングカードも、テキストチャットアプリやSNSに人気を奪われ、いまでは需要が激減した。すでに往時の勢いがないのは残念でならない。

多彩なパーソナルギフトショップの登場

一見すると何を主体に売っているのかわからないが、〝何となく楽しそうだから店内をのぞいてみよう〟と思わせるような店。多彩な雑貨を取り揃え、女性たちを夢中にさせる雑貨の店はたくさんある。私たちはこうした店を、パーソナルギフトショップと呼んできた。パーソナルギフトショップと言ってわかりにくければ、「ソニープラザ」(現・PLAZA)を思い浮かべていただきたい。1966年、銀座ソニービルの地下にオープンし、輸入品主体、20代女性をターゲットに化粧品、雑貨、菓子食品、ギフト関連などを揃えた「ソニープラザ」は、女性にとっては何が飛び出すかわからない玉手箱のような存在だった。ここに来ればわくわくするようなモノがきっと見つかる。それが「ソニープラザ」のアイデンティティだ。

同じく1966年に原宿にグランドオープンした「キデイランド」も代表的なパーソナルギフトショップだ。もともとは1950年に表参道で書店および外国人向け雑貨を扱う店として誕生したが、1966年に玩具や一般雑貨などを品揃えに加え、フロアも複数階に広げてリニューアルオープンし、大ブレイク。大人も楽しめる店として原宿のランドマーク的存在になった。何かユニークなギフトを探したいときにはキデイランドに出掛けるという熱狂的なファンを生んだ画期的な店舗である。

1960年代には、このほかにもパーソナルギフトの需要を喚起する店がいくつも誕生している。その一つが、1966年新宿アドホックビルに誕生した「ショップイン後楽園」(現・ショップイン)だ。カジュアルウェア、化粧品、バッグ、アクセサリー、ギフト商品などを扱い、若い女性に支持された店舗である。この「ソニープラザ」「キデイランド」「ショップイン」の3店は、日本全国に店舗を展開し、パーソナルギフトを全国的に広めていく役割を担った。

1971年12月には、サンリオが新宿アドホックビルに、直営店「ギフトゲート」1号店をオープンした。辻氏が提唱する〝ソーシャルコミュニケーション〟のためのギフト商品やパーティ用品などが一堂に集結した店舗だ。「ギフト」という単語を店名に用いたサンリオの新業態は、パーソナルギフト時代の本格的な到来を象徴している。

当社が「月刊ぎふと」を創刊したのが、「ギフトゲート」1号店オープンの1カ月前。この頃には、ほかにも「銀座キュート」（1971年銀座に1号店）や「パスポート（現・HAPiNS）」（1969年中野に1号店）など、パーソナルギフト市場を背負って立つ店舗が続々と誕生し、現在の雑貨ブームの下地を作った。

ギフト・ショーでは期待の新製品やユニークな会社を集め、出版事業は新しいトレンドや仕入れのノウハウ、売り場の演出方法の紹介に力を入れ、旅行会社では次のビジネスの「種」を見出せる旅行企画を磨き上げる。3つの事業が結実したその先で、これまでにない業態融合型の店舗が増え、パーソナルギフト市場が大きく拡大したのである。

他業種で経験し、培ってきた知見を生かす

最後に、ギフト・ショーの運営に携わる当社社員についても触れておきたい。

見本市運営を担当する事業部の社員は皆、見本市のプロフェッショナルだが、そのバックグラウンドはバラエティに富んでいる。銀行、証券、旅行業、生保のサービス産業など、見本市以外の業界からの転職者が多いのだ。

実は、この多彩なバックグラウンドがギフト・ショーに有効に働いている。当社は、衣食住をはじめとするさまざまな業界の顧客とのつながりを生かし、展示会業界のパイオニアとなる見本市、ギフト・ショーを立ち上げ育てて、ギフト市場の拡大を牽引してきた。従来、それぞれの業界ごとにしか行えなかった仕入れの間口を広げ、業態融合を成し遂げてきた。ギフト・ショーは、あらゆるジャンルを網羅する唯一のビジネスモデルと言っても差し支えない。だからこそ、いろいろな業界を経験した人材の知識や知見、ノウハウが生きてくる。

たとえば、第82回のギフト・ショー（2016年9月）では「ねこ雑貨集めます‼」と題して、大人かわいいをターゲットに暮らしの中のねこ雑貨を集めた特別企画展を開催し、大きな話題を集めた。また、素材に着目し、日本のものづくりを支える素材を、素材そのものとして提案した企画展「SOZAI展」も、新しい素材を多くの出展社や、新しい商品開発でコラボレーションしたい来場者の間で大好評だ。第7回のギフト・ショー「LIFE×DESIGN」はインテリア業界に新しい旋風を巻き起こす斬新な企画で、暮らし方から住まいをデザインするリノベーションという新しい流通を開拓するために作られたものである。

第22回のグルメ&ダイニングスタイルショー（2017年9月）で実施した企画展「AGRI×DESIGN×FOOD EXHIBITION」は、デザインとブランディングで生まれ変わる新しい農業と食の姿を紹介した。この企画は、「第1次産業をデザインで活性化する。」を旗印にデザインを使って地域ブランドの価値を高め、生産者の発信力を強化する取り組みを行うファームステッド社と連携することで実現した。このほか、「グランピング」「IoT」などの新しい提案が目白押しである。

当社が主催する見本市は常にサムシングニューを追い求めて、バイヤーたちの欲求を充足させるため、日夜努力している。また、ものにあふれた社会の中で、どうやったら商品が売れていくかを捉えてトレンドを披露し、常に新しい提案を限りなく行っていくのが我々の使命と考えている。

その一方で、社歴が長く、見本市業界の知識やノウハウを豊富に持ち、トータルで業務を任せられる社員が多数在籍しているのも当社の大きな強みと言えよう。大げさではなく、「見本市の生き字引」のような人材がいまも見本市に携わり、日々、ノウハウをアップグレードしている。

当社では分業制を取っていない。一人の社員が一つの見本市において、企画から営業、運営、アフターフォローまでのプロセスを一貫して担当し、責任を持つ体制を敷いている。入社したばかりの社員も例外ではない。転職組もプロパーも、社歴の長い社員もそうでない社員も、一連の業務知識を深く身につけられる環境が用意されているため、行動しながら学ぶことが可能で、より深い知見を得ることができるのだ。

見本市を企画するのも「人」、運営するのも「人」。商談の精度を上げ、来場者と出展社の満足度を高めるのもすべて「人」のなせる業だ。ギフト・ショーをさらに充実させるには、「人」を磨き、育てるしかない。それは社長の私に課された重要なミッションである。

第4章

これからのギフト・ショー

GIFT SHOW

オンライン版ギフト・ショーはあり得るのか

ここまで述べてきたように、ギフト・ショーは「ギフト」を切り口にしながら、業態融合を成し遂げ、流通業者と出展社とのビジネスマッチングを一貫して行ってきた。社会や技術、産業構造の変化に臆することなく柔軟に対応し、変化を積極的に取り入れてきた。これからのギフト・ショーも同様だ。本質を見失うことなく、流通業者と出展社に商談の場を提供し、日本の産業に貢献していく。これこそが、ギフト・ショーが人気を失わず、長く継続できた要因である。

変化への対応力はギフト・ショーの持ち味と言っていい。そのためか、最近は次のような質問を受けることが多い。

「新型コロナウイルスの感染拡大を受けて、ビジネスのオンライン化が加速している。ギフト・ショーもオンライン化していくのか」

「ギフト・ショーをリモートでの商談ができるような場に変えていく計画はないのか」

この問いに対する私の答えははっきりしている。現在、人と人が容易に会えない状況が続いているため、オンラインで仕事をする必要性が高まった。オンライン化により効率化できる仕事が多いことは間違いない。生産性を高めるために企業がＩＴを使い、オンライン化を進めていく流れは不可避だろう。

だが、考えてみてほしい。商談が本当にすべてオンラインで完結するだろうか。意思決定をする際には相手を前にして、相手の目を見ながら話をするそのプロセスが不可欠だ。Ｚｏｏｍを使えば、相手の顔をモニターで見ることはできる。しかし、それはただ電話に顔が映っているだけだ。Ｚｏｏｍでの商談とは、電話セールスに限りなく近い。

電話セールスでは断るのは簡単だ。「いりません」と言って電話を切れば、それでジ・エンド。一言でこと足りる。

一方、リアルに相対しての商談だとそうはいかない。相手の顔、表情、声色、トーン、雰囲気、仕草は商談を成功に導くための重要な材料だ。相対しているからこそ得られる材料を踏まえて、売り手はトークの内容を変え、提案の切り口を変え、必要とあればプランを練り直すなど、多彩な手が打てる。営業される側も電話セールスほど簡単に「Ｎｏ」とは言いにくい。リアルの商談とオンライン商談との圧倒的な違いである。

ほぼ注文内容が決まっている相手に注文をもらう、あるいはリピートのオーダーをもらう場合にはオンラインでも何ら問題はないが、新規の顧客を開拓するのは相当にハードルが高いはずだ。

もう一つ、ギフト・ショーのオンライン化が難しい理由は、ギフト・ショーが常に旬の商品のお披露目の場所であることだ。バイヤーはこれまでにない新鮮な商品を探している。出展社は自社の未来を背負って立つ新製品をアピールする場を欲している。新しい商品であればあるほど、その斬新さやユニークさを五感を駆使して確認できるリアルの場所が必要だ。

ギフト・ショーは物見遊山で雑貨のトレンドを楽しむ場所ではない。一般消費者のいないクローズドな環境で繰り広げられる出展社とバイヤーの真剣勝負の場だ。今後も、リアルの商談の場は死守していく。

ビジネスガイド社はアーリーアダプター

とはいえ、新しいITや便利なツールを全面的に否定するつもりはまったくない。当社では、23年も前からWebを活用してきた。当時、Webに前向きな企業は少数派だった。周囲を見わたしても、ほとんどの会社はインターネットやWebを様子見するばかりで、消極的だったように思う。その意味では、ビジネスガイド社はアーリーアダプター（これから普及するであろう製品やサービス、技術に着目し、いち早く取り入れる層）と言えるかもしれない。

ホームページ、動画レポート、商品検索サイト、電子ブック、アプリ、ＳＮＳ。新しい技術が登場すれば積極的に導入してきた。ギフト・ショーの本質を守りつつ、必要とあればすかさずＩＴを導入するのが私たちのスタンスだ。

たとえば、２０２０年の秋に開催する「LIFE×DESIGN」については、出展社だけでなく、来場を検討しているバイヤーも対象にして、Ｚｏｏｍを使ったオンライン説明会を開催した。展示会のあり方、新会場ならではのコロナ対策や新しい商談の仕組みの解説、今後のビジネスの進め方の指針となるセミナーなど、多彩なコンテンツを用意したところ、反響が高く、多くの方にご参加いただいた。

著名なクリエイティブディレクターの山田遊氏が「Ｗｉｔｈコロナ、アフターコロナ時代に、バイヤーが求める商材」について語るセミナー、「これからの暮らし産業、日本のものづくりを世界へ」、人気のプロダクトデザイナー喜多俊之氏が解説するセミナーなど、どれも非常に好評だった。

セミナーの動画は期間限定でYouTubeにあげた。出展を検討している企業が画面上で登録を済ませると、パスワードが送られる。セミナー動画は、パスワードを送った参加者だけが見られるクローズドな形式だ。

ギフト・ショーは通常、出展検討説明会の参加者は30～50人ほどだ。ところが、オンライン説明会の参加者は１０００人を超えた。これは私としても良い意味での驚きだった。出展希望者だけでなく、小売店の参加が多かったのも興味深い。説明会やセミナーの新しい可能性を実感できた。

ギフト・ショーでは毎回、必ずセミナーを開催している。後から見ても学びが多いセミナーを強化してきた。セミナーを動画で撮り、クローズドな環境で後からじっくりと見てもらえば、多くの方に役立つはずだ。そうしたサービスは早急に実現させていきたいと思う。

オンラインのプレ商談でリアルの場を補強

オンライン商談はリアルの商談に勝てない、と先ほど述べたが、ギフト・ショーの人気企画である「ビジネスマッチング in Gift Show」を一新し、オンラインを併用した出展企業とバイヤーをつなぐ「プレ商談」の計画は進めている。これは、リアルの見本市であるギフト・ショーの効果をより高めるための補完的な機能だ。

新型コロナウイルスの影響で、流通バイヤーからは「新規商品や取引先の開拓が難しい」「直接での商談が困難になった」「仕入先と連絡が取りづらい」といった意見や要望が多く寄せられるようになった。その一方で、緊急事態宣言が解除され、国内の消費行動が活発化するにつれ、新たな仕入れや取引を求める声も高まっている。

ギフト・ショーは企業とバイヤーを結びつける場だ。この声には真摯に耳を傾けなければならないと判断し、従来の「展示会会場でのブース商談」に加えて、ギフト・ショー会期前に出展企業とバイヤーのプレ商談を実現した。

「ビジネスマッチング in Gift Show」は、２００９年にスタートして以来、これまで22回開催している。すでに７０２３件もの商談が行われ、業種業態の枠を超えたさまざまな取引が具現化した。

活発な商談の場であるからこそ、ギフト・ショーへの期待値は高い。「いま売れるものをすぐに仕入れたい」「いままでとは違う売り場提案をしたい」というバイヤーの課題や要望に応えてこそのギフト・ショーだ。リアルの商談をより強力にプッシュするために、ＩＴができることはたくさんある。ギフト・ショーを実りの多い場にするために、新しい技術やトレンドには常に敏感でいたい。

アプリやバイヤーズガイドブックで利便性をアップ

当社では、6年前に来場者サービスの一環として会場マップを閲覧できるオリジナルアプリをリリースしている。

これは、単にマップ機能を備えたアプリではない。訪問したい出展社を探せるのはもちろんのこと、会場でのブースナンバーやフリーワードでの検索も可能な設計を施した。たとえば、アクセサリー、アロマといったワードを入れれば、たちまち該当する出展社の名称やブースナンバー、場所が確認できる。

会場で開催される各種イベント情報にアクセスできる「お知らせ」機能も設けた。「もっと詳しく」というボタンを押せば、出展社のホームページや会社概要にもスムーズにたどりつける。

バイヤーズガイドブックとの連動も自慢の機能の一つだ。バイヤーズガイドブックで出展社のQRコードを読み込めば、その会社の出展場所がチェックできる仕様である。「お気に入り」登録機能もつけているので、事前に出展社を調べて「お気に入り」に登録しておけば、広い会場で訪問したかった出展社のブースが見つからず、訪問がかなわなかったということもなくなる。見逃し防止には効果的だ。

効率的にブースを訪問するためのコース設計にも役立つ。会期中に訪問したブースを「お気に入り」に登録しておくことも可能だ。ギフト・ショーの会場は広い。多くの出展社がブースを構えている中、時間をかけて回っているうちにどのブースを訪問したのか、どこが良かったのか、わからなくなったという声を聞くことは多いが、アプリを活用すれば、事前準備も事後確認も容易に行えるのである。

ギフト・ショーの利便性を考えた「オリジナルアプリ」

アプリのダウンロード数はiPhoneだけで、すでに3万5000に達した。今回、アンドロイドをアップデートした。だが、まだ改善点は多いと感じている。利用者の声に耳を傾け、使い勝手の改善や新たな機能の追加などは逐次行っていきたい。

ITを駆使した来場前後の予習・復習ツール

一冊あればギフト・ショーを自在に活用できるツールとして作成しているのが、電子版のバイヤーズガイドブックだ。会場のレイアウトや、出展社やセミナーの情報を詳細に掲載している。これを見れば、出展社の概要や連絡先もすぐにわかる。

出展社の商品が検索できる機能を設けた専用のクローズドなウェブサイト「出展社情報検索サイト」も好評だ。出展社には申し込みの際に「検索サイトに掲載したい商品」として最大5品目を挙げてもらっている。検索機能はこの情報に基づいて動いている。

見本市を主催している同業他社の場合、専用ウェブサイトがあっても驚くことに出展社の連絡先を載せていない。連絡を取りたいときにはすべて自社にアクセスしてほしいという意図なのだろうが、それは利用者にとってはあまりに不便すぎはしないだろうか。商談の間に第三者が介在すればするほどスピードは落ちる。出展社も来場者も、ギフト・ショーを活用して、商談を迅速かつ効果的に進めたいと考えている。私たちはその思いに寄り添いたい。電子版バイヤーズガイドブックも検索サイトもそのためのツールだ。

このように、出展社や新商品の情報をもれなくキャッチできるように、ITを駆使して来場前後の予習・復習ツールを充実させてきたため、すでにバーチャル展示会の材料は十分に揃っているとも言える。実現は決して不可能ではない。

そのためにはコンテンツをもっと作り込む必要があるが、展示会の臨場感を出すために3Dでブースを撮影し、横からも縦からも見られるようにするというプラスアルファの機能は商談にはあまり必要ないだろう。そもそも、中小の出展社がオンライン展示会でのブース費用を負担したいだろうか。高額の機械や自動車を扱うのであればオンライン展示会は意味があるかもしれないが、単価の安い小さな雑貨を扱う企業が多いギフト・ショーの性質を考えると、バーチャルに徹した展示会の実現はやはり難しいように思う。

アジアのマーケットは潤沢な消費市場である

海外への販路開拓も今後強化していきたい構想の一つである。

21世紀を迎えた2000年に、私は国内だけにとどまらず、海外への販路拡大を事業構想に据えた。少子高齢化が進行し、国内消費市場が徐々に縮小する一方で、近隣のアジアの国々は人口が増え続け、元気で活力がある。GNPが、日本に近づいてきた国、追いついた国もある。アジアは、OEMの生産地域と見るのではなく、消費市場と考えるべきだ。

中国の人口は13億人に達しているが、一説によれば15億人とも言われている。上海市だけでも人口は2500万人だ。北京は2100万人、成都も1600万人、重慶は人口3000万人で、これら1級都市は可処分所得も高い。桁外れな富裕層の数は推定1億人。アメリカとほぼ同じ広さの潤沢なマーケットがすぐ目の前に広がっているのだから、積極的に商いを展開しようと、第2章でも述べたように、私は海外への販路拡大に着手した。欧米諸国への進出も視野に入れて、海外事業部の人材募集も開始。現在は台北市に海外支店を設け、上海市では100パーセント出資で必极耐斯（上海）会展有限公司を設立した。日本企業の海外販路開拓やコンサルを行っている。

海外販路の開拓は、香港で香港貿易発展局主催の香港ハウスウェア・フェアと香港ギフト&プレミアム・フェアで日本館を開き、台湾では台湾貿易センターのギフショナリー台北や台湾文化部のクリエイティブエキスポ台湾で日本館を開催した。中国では、華東輸出入商品交易会、中国輸出入商品交易会（広州交易会）のそれぞれ正規代理店となって、日本企業の海外販路開拓を応援している。

上海ではすでに、Gift Show in 上海を14回主催した（会場は上海世貿商城、上海国際展覧中心）。当社は中国では数少ない展示会主催業務が可能な会社である。昨年は、創通の中国進出に協力し、実行委員会のメンバーとして4月に見本市「C3」を上海で開催した。森ビルの10周年記念イベントに協力して金魚の展示を行ったり、上海美容・美髪興行協会主催の「ビューティーショー」に日本館を作ったり、同協会と日本ネイリスト協会との友好関係作りを支援し、美博会上海を通じて美容業界の海外進出をサポートしたこともある。

上海では、中小企業発展服務中心や外事弁公室、日本国際貿易促進協会、日本国大使館などの機関と協力関係も築いた。だからこそ、日本企業の中国進出はまったく問題なく、安全安心に行われていることは強調しておきたい。

日本開催のギフト・ショーには中国企業の参加も多い。先手を打って築いてきた中国との信頼関係をベースに、今後も中国と日本のビジネスに橋を架け、日本企業の海外進出を支援していく。もちろん中国だけではなく、広く欧米も視野に入れている。一歩一歩着実に、開拓を進めていくつもりだ。

クラウドファンディングのMakuakeとの連携

新しい試みとして2020年にスタートした事業についても述べておきたい。

当社は、クラウドファンディング事業を展開しているMakuake（マクアケ）と業務提携し、これまでにない新たな商品の流通への提案と、Makuake実施事業者の流通展開をよりスムーズに拡大するためのサポートを開始した。

Makuakeは、「生まれるべきものが生まれ　広がるべきものが広がり　残るべきものが残る世界の実現」をビジョンに掲げ、クラウドファンディングを通じビジネスの拡大を支援してきた企業だ。これまでにも、一般販売に至ったプロジェクト実行者のユニークな製品のチャネルを拡げるため、日本各地の流通パートナーと連携し、Makuake発の製品が展示・販売されるリアル店舗「Makuake SHOP」を全国の主要都市で展開してきた。

一方、当社はこれまでにない価値を生み出している商品とバイヤーとの出会いの場を提供し、メーカーの販路拡大をサポートしてきた。両者は同じゴール、同じ価値観を共有しているとも言える。

そこで、今年1月、毎年春と秋に開催するギフト・ショーの会場にMakuakeブースを設け、Makuakeを実施した複数のプロジェクト実行者の定期出展を決定した。すでに、2020年2月に開催したギフト・ショーでは、18のプロジェクトが出展している。今後は、Makuakeの流通関係のサポーターへもギフト・ショーの来場案内を行い、イベントの相乗効果を図っていく。クラウドファンディングから生まれた製品がギフト・ショーを介してどのように羽ばたいていくのか、私も楽しみでならない。

出展社との一体感を高めるために

ITやクラウドファンディング、新しく生まれる技術やサービスをギフト・ショーは柔軟に取り入れてきた。

だが、私はいま大きな課題に直面している。小さな出版社が立ち上げたギフト・ショーという見本市がここまでに成長したのは、出展社と主催者がともに手を携えて、前へ前へと突き進んできたからだが、いまその熱気がやや薄れ気味なのだ。

以前は、運命共同体であるかのように両者がスクラムを組んで、ギフトの地平線を押し拡げ、マーケットを活性化してきた。出展社はギフト・ショーの力をよく知り尽くしているため、次々に新しい出展社を紹介してくれた。私の10倍ほどの熱量とボリュームで、ギフト・ショーに出ればどんな効果があるのか、どんな意味があるのかを語ってくれた。「ギフト・ショーが好きなんだ」という気持ちがひしひしと伝わってきた。

自分の代わりに営業をしてほしいというつもりはない。新たな出展社を紹介してくれというつもりもない。営業は私の役割であり、新規開拓は証券マン時代からの私の得意技だ。新しい顧客を獲得する営業活動は、いまでも醍醐味のある仕事である。

だが、ともにやっていこう、一緒にチャレンジしていこうという情熱の陰りは気になる。熱気が薄れたことに寂しい気持ちが募るが、それを時代のせいにはしたくない。もうそうした熱気が望めないとも思いたくない。簡単に諦めたくはない。

私は今後、もっと熱く生産者の声やストーリー、こだわりを伝えていこうと思う。個人の優れたデザイナーが持つ、人の心を捉える感性や芸術性に敬意を払い、社会的地位の向上を図っていきたい。

世界のさまざまな国にあるユニークな企業の誘致も、さらに進めていくつもりだ。日本には、ポテンシャルを秘めた新製品を発表するうってつけの場がある。それはギフト・ショーだ——そうした認識を世界に発信し、広めていきたい。

そのためには、日本の良さを世界にどんどんアピールする必要があるだろう。東京五輪・パラリンピックは残念ながら２０２１年に延期されたが、世界の日本への注目度は依然として高い。世界中の新製品が日本で発表され、日本からは職人の技をモダンにアレンジした日本オリジナルの商品の発信を強めていく。そうした取り組みを進める中で、出展社とビジネスガイド社との一体感が高まり、熱気が高まっていくのではないだろうか。私はそう信じている。ギフト・ショーにできること、やれること、やるべきことを見据え、一つずつ実現していきたい。

第5章

ギフト・ショーに携わる人々

GIFT SHOW

ギフト・ショーの伴走者たち

1976年に第1回のギフト・ショーを開催してから現在に至るまで、業界の内外を問わず、多くの方々から適切な助言や力強い支援をいただいた。こうしたサポーターなくしては、ギフト・ショーやビジネスガイド社の発展はあり得なかった。

私たちは本当に良きサポーターに恵まれている。挙げていけばきりがないが、本章では特にギフト・ショーを私たちとともに作り上げてくれた方々を取り上げたい。東京ビッグサイト、生活の木、エトワール海渡。ここに並ぶのは、ギフト・ショーの頼もしい伴走者たちである。

Ⅰ

日本の展示会産業発展の道標であるために

株式会社 **東京ビッグサイト**
営業部長 **木村 信夫**氏

最初にご登場いただくのは、ギフト・ショーの舞台である東京ビッグサイトで営業部長を務める木村信夫氏だ。

同社は、東京ビッグサイトの管理・運営を行い、展示会を主催しているほか、有明・青海地区にある3つのビルを運営している。そのルーツは、1956年に設立された見本市を主催する社団法人東京国際見本市協会と、展示場の管理運営を行う1958年設立の株式会社東京国際貿易センターという2つの法人にさかのぼる。ともに展示会を管理運営していた両社が2003年4月に統合し、現在の株式会社東京ビッグサイトが誕生した。

木村氏は、1985年に東京国際貿易センターに入社して以来、展示部門の営業を中心にさまざまな部署を経て、現在はホール営業に携わっている。ホール営業とは顧客の希望をもとに、利用ホールなどを調整するのが主な業務で、木村部長は展示会ビジネスに35年間携わってきた。

「ギフト・ショーは、ギフト業界および展示会業界のパイオニアとして業界を長く牽引していただきましたし、これからも業界を発展させていってほしいと思っています。もちろん、我々東京ビッグサイトが協力できるところはできるだけ協力させていただき、一緒に業界を盛り上げるために頑張っていくつもりです」

展示会産業の未来につながった3・11後の決断

木村部長との接点は、ギフト・ショーが晴海会場に移った1980年代後半に始まった。

「当初はあまり余裕がなかったのですが、ギフト・ショーを見続けていくと、来場者、出展社の目線を貫き、見本市の運営を非常によく考えていることが肌感覚でわかりました。空調や床、動線など、我々では気づきにくいことに非常に目が行き届いている。芳賀社長のリーダーシップのもと、何事に対しても決定が早いことに驚かされました」

ギフト・ショーが晴海から東京ビッグサイトに会場を移したのは1996年。以後、会場の遮光幕設置など新しい試みを積極的に提案してきた。だが、それが実現できたのはビッグサイトに柔軟に対応していただいたからだ。

エピソードは尽きないが、なかでも私が忘れられないのが、東日本大震災後にプレミアム・インセンティブショーを開催したときのことだ。ビッグサイトでは震災後、すぐにイベントを中止し、西展示棟の一部に避難所を設置したが、その後のイベント開催については展示会場として十分な安全が確保できない限り、開催自粛を求める方針だった。

だが、4月に入って躯体に問題のないことがわかり、ビッグサイトは展示会の開催について主催者の判断に任せることを決めた。木村部長は振り返る。

「全体に自粛ムードが流れる中で、それぞれの主催者が『避難所が開設している隣で、賑わいのある展示会というものをやっていいものかどうか』と非常に頭を悩ませていました。一方で、開催を強く希望する出展社やバイヤーもいましたから、開催しても、開催しなくても非難は避けられないだろうと見ていました。その状況で、プレミアム・インセンティブショーを開催するのは大変な決断だったとお察しします。しかし、それによって関係者が皆喜び、その後にいろいろな展示会開催が続くことができた。その影響は本当に大きかったですね」

あのときのことはいまでも鮮明に覚えている。開催すべきか否か。さんざん迷った末に開催を決めた。その当社の決断をビッグサイト側は快く受け入れ、サポートを惜しまなかった。展示会産業の未来につながったのだとしたら、こんなにうれしいことはない。

東京ビッグサイトの描く未来図

2020年現在、東京ビッグサイトの展示面積は、東展示棟5万1380㎡、東新展示棟1万4760㎡（リンクスペース除く）、西展示棟2万9280㎡（アトリウム除く）、南展示棟2万㎡で、合計11万5420㎡。現在のところ、拡大の予定はない。

株式会社 **東京ビッグサイト**
営業部長 **木村 信夫氏**

ただし、青海に２万３２４０㎡の仮設展示棟が稼働しているほか、東京都はビッグサイトの北西１㎞弱にある有明体操競技場（後利用時展示場面積約1万㎡（予定））を東京五輪・パラリンピック終了後の10年程度は展示場として活用すると発表している。

海外には20万㎡規模の展示場が20カ所以上もあることを考えると、規模では世界レベルには到底及ばない。だが対策もないではない。木村部長は言う。

「お客様から『もう少し拡大してほしい』という声が届いているのは確かですが、周辺の土地の事情から拡張は難しい。目下のところ、スケジューリングの効率化やサービスといったソフト面で対応していきたいと考えています」

物理的に拡げられないなら、ソフト面で対応し、出展社や来場者の利便性やサービスレベルを上げ

株式会社 ビジネスガイド社
代表取締役社長 芳賀 信享

ていく。現実を踏まえたきめ細かな対応にはぜひ期待したい。

展示施設の利用規模ではトップ3

東京ビッグサイトの年間のイベント数は約300件。そのうち、全館を使用しているのは、ギフト・ショーを含めて数件だ。しかも、ギフト・ショーは年2回開催のため、1年間を通しての展示施設利用規模ではトップ3に入る。

「我々からすれば、展示会が同時期に複数利用いただくより、全館一括で使っていただいた方が効率的に展示場を運用できるのではと思っています。もっとも、これを一つの団体がコントロールするのは大変なことだと思います。展示会にはいろんな団体や関係者が関わってきます。搬入搬出の際にも、さまざまな車両が入構し、それぞれ限られた時間の中で搬入出を行わなければならず、会場内は騒然となるため、微に入り細を穿つ、事前の調整が欠かせません」

ビッグサイトの年間の来場者数は2015年の1605万人をピークに、2018年では1407万人と減少傾向にある。稼働率は約70%だが、それ以上に上げていくことは現実的には難しいようだ。

「見本市では、月・火が搬入、水・木・金が会期で、即日撤収というパターンがほとんど。土曜日曜には、同人誌系や就活関係などのイベントを誘致して、なるべく効率的にご利用いただけるように調整はしていますが、それでも当初予定していたところが何かの都合でキャンセルになることもありますし、盛夏や年末年始など時期による差は避けられません。また、法定点検のためにどうしても休業しなければならない期間も発生するので、単純に稼働率だけの話ではなく、東京ビッグサイトのブランドを向上させ、ご利用者様の満足度向上につなげていきたいと思います」

日本の展示会産業に見られる変化

長年、展示会産業に関わってきた木村部長は、近年の展示会は明らかに以前とは違ってきたと指摘する。

「晴海時代には、展示会を立ち上げると同業者や関係者の方が集まって、ちょっとした交流の場というか、お祭り的な雰囲気を少し感じることもありました。しかし、現在は、展示会ごとに多くの来場者を動員し、ビジネス色が非常に強くなってきた。これには海外の展示会との競争も関係していると思います。海外の展示会ではブースに商談コーナーを作り、その場で取引しています。ブースもゆったりとした設計になっていて、商談に重きを置いています。そのことを考えると、ギフト・ショーは当初からBtoBの要素が非常に高い見本市で商談しやすい環境を提供していると思います」

2020年、新型コロナウイルスの感染拡大防止を受けてビッグサイトは4月11日より全館閉鎖となったが、8月以降はイベントが予定され始めている。ビッグサイトが掲げるように「展示会は経済再建の鍵」であることは間違いないが、今後の展示会産業のあり方は、これまでと大きく変わっていくはずだ。来年、東京五輪・パラリンピックが開催されたとしても、それ以降の展示会の運営方法については見直さざるを得なくなるだろう。

そう、展示会ビジネスはいま、これまでにない難局を迎えているのだ。海外との競争もずいぶんと激しくなった。さまざまな課題が山積しているからこそ、日本の展示会産業を維持し、さらに発展させていくためには、会場側と主催者側との強い連携が不可欠だ。これからもギフト・ショーはビッグサイトとしっかりと手を組み、展示会業界の活性化に取り組んでいきたい。

II

ギフト・ショーとともに歩む
香りとハーブの開拓者

株式会社 **生活の木**
代表取締役C.E.O. 重永 忠氏

生活の木は、ハーブとアロマテラピー関連の商品開発や製造、OEM、卸、アンテナSHOPやネット販売による小売りなど、各段階を統合した一貫流通体制を敷き、幅広い事業を展開している企業だ。日本のハーブ・アロマテラピー市場を語るうえでは欠かせない存在であり、日本にハーブやアロマテラピーを定着させた立役者と言ってもいい。

同社のギフト・ショーへの出展は1976年の第1回からで、ギフト・ショーでは最古参、かつ〝皆勤〟の出展社だ。毎回のオープニングセレモニーでは出展社代表実行委員長として挨拶を述べていただいている重永社長は、ギフト・ショーの「顔」の一人である。

生活の木とビジネスガイド社の創業社長同士が築き上げてきた信頼関係は、創業者の子どもである忠氏と私の間にも受け継がれている。

「ギフト・ショーとともに歩み、ともに成長しているという自負があります」と重永社長は言う。私もまったく同感だ。

ポプリブームの火付け役

生活の木は、重永社長の父、進氏が1955年に現在の表参道（渋谷区神宮前）に個人で創業した陶器店「陶光」から発展を遂げ、現在に至る。有限会社陶光として法人化を果たしたのが1967年。1986年に商号を「生活の木」に変更した。

忠氏の祖父は表参道で写真館を営み、駐留米軍居住地のワシントンハイツが近隣にあったことから、米軍家族の写真をよく撮っていたそうだ。息子の進氏は撮影の手伝いを通して、洋食文化やスタイルに触れ、いずれ日本にも洋食文化が訪れることを確信。陶器店を創業した。

第1回のギフト・ショーには食器の分野で出展し、以後、出展を重ねてきたが、ターニングポイントとなったのが、生活提案型のテーブルウェアシリーズ「生活の木」だ。これまでになかった斬新なスタイルは大きな評判を呼ぶと同時に、同社の画期的なビジネスモデルも脚光を浴びた。

当時の陶器業界は、メーカーが作った製品が地場問屋、問屋、二次卸を経て小売りで販売される産業構造だったが、陶光では自らデザイン・製作し、卸、販売まで一貫して行う体制を敷いていた。アパレルでいうSPAのスタイルを1970年代から導入し、川上、川中、川下のそれぞれが機能する従来の産業構造に一石を投じた功績は大きい。

重永社長は振り返る。

「父は非常に頭が柔らかく、新しいことを始めるのにためらいがない人でした。商売というのは面白いものだなと、いつも父の背中を見て感じていたものです」

重永社長の父、進氏は誰よりも早くハーブに目をつけたことでも知られている。ビジネスの嗅覚が優れていると同時に目利きでもあった。1969年にアメリカ西海岸で開催されたヒッピーによるハーブルネッサンスを視察すると、1975年からプロジェクトを発足させ、ハーブ企画のリサーチをスタート。1977年に玉川髙島屋に「生活の木　玉川店」をオープンし、食器を並べた売り場の片隅でハーブのテスト販売に踏み切った。このときの手応えから開発したのがポプリだ。

ビジネスガイド社主催のアメリカ市場視察の旅で西海岸のギフトの視察旅行に参加し、

香りの文化が商品になり得ることを知り、日本でもやってみたいと思ったようだ。

進氏は、1978年にアメリカからポプリやハーブを輸入し、併せて宣伝戦略も開始した。これを仕掛けたのが、ほかならぬ息子の忠氏である。忠氏はアメリカ西海岸を訪れ、ポプリやハーブが生活に取り入れられていることを見聞していた。この経験からポプリやハーブの有望性を直感したのだろう。忠氏はアルバイトに来ていた漫画研究会の女子大生にPR用のキャラクターを作ってもらい、少女漫画誌を発行する出版社にも働き掛けた。

こうして1980年には、ポプリを作る少女を主人公とした連載が始まり、少女たちの間でポプリ作りは大ブームを巻き起こす。

当時、ポプリの材料を買えるのは、陶光以外にはなかった。そのため、わざわざ上京してポプリを買い求めた人も多く、同社が1979年に通信販売を開始するとたちまち注文が殺到したという。

忠氏は、単に商品を売るだけでなく、ポプリを作る体験が子どもたちに受け入れられたことを見て、「このビジネスはいける」と感じたという。いまでいう「コト消費」のポテンシャルを早くも1970年代に見抜いていたことになる。父親譲りの目利き力というべきであろう。

ギフト・ショーでバイヤーがハーブに注目

その後も、陶光からはポプリに続くハーブ商品が次々に発売される。新商品のアイデアにつながる一つのきっかけとなったのが、１９７０年代後半にビジネスガイド社が視察したニューヨーク国際ギフトフェアだ。

当時、社長だった進氏はビジネスガイド社の呼びかけに応じて視察ツアーに参加。現地で大きな刺激を受け、香りがビジネスになることを確信した。進氏と私の父は同じ１９３３年生まれということもあり、ツアー中に意気投合し、「日本でもこんなことができたらいいのに」と夢を語り合うことも多かったと聞く。

ツアーでの見聞を踏まえて、１９８３年に同社はハーブティーを開発した。まだ「ハーブ」という言葉すら珍しく、「沖縄のヘビを煎じたお茶など飲めるか」と勘違いした人も多かった時代だが、欧米、特にドイツで好まれているハーブティーは日本でも必ず流行るはずと進氏は考え、飲み方の提案を行いながら販売を強化した。

１９８４年にはハーブを使った浴用剤や石鹸などのバス商品の展開もスタートしてい

る。翌85年にはエッセンシャル・オイルを発表し、アロマテラピーの展開を始めた。いまに至るアロマテラピーブームの原点だ。

同社が開発したハーブの浴用剤に関しては、面白いエピソードがある。ユーザーから「白い浴槽が染まった」というクレームが入ると、進氏はクレームに対してはきちんと謝罪する一方で、「ハーブは染織にも使える」と知り、発想を切り替えて1988年にはハーブ染め工房「梅田乃里」を立ち上げている。

このように、同社はただ素材を売るだけではなく、生活シーンを想定し用途を考えたうえで商品を開発してきた。そして、年2回のギフト・ショーの場を最大限に活用した。

「ハーブやポプリなど、聞き慣れない名称の商材をギフト・ショーで発表すると、『わからない』という反応の方が多いのです。しかし、中には興味を示す人がいて、『実はこうした商品でこのような用途があります』と説明すると『面白い！』と反応が返ってくる。そして、『では、一緒にやりましょう』と話がまとまり、チャネルが拡がっていく。感度の高いバイヤーが必ずいるんですね。ギフト・ショーとはそういう場所です」

ギフト・ショーの特徴、特性を知り尽くした巧みな戦略である。

「香り」がビジネスとして開花

1961年生まれの重永忠社長は、私とは同学年だ。1983年に大学を卒業するとセブン‐イレブン・ジャパンに入社した。家業を継ぐ前に別の会社を経験しているのも私とよく似ている。

忠氏は家業を継ぐことを視野に入れていたが、全国展開、商品開発、店舗経営の3つを学ぶために3年間限定で修業すると決め、急成長中だったセブン‐イレブンに入ったという。陶光には1986年に入社する。同時に、中小企業大学校でも経営を1年間学んでいる。

陶光では忠氏の入社に合わせて、社名を有限会社生活の木に改称した。以前からあった同社ブランドの名称だが、生活の木（＝ツリー・オブ・ライフ）とは聖書にある言葉で、生命の自然摂理を意味している。

「社名は〝ハーブ○○〟などいろいろ迷ったのですが、これから自分がやりたいのは生活に潤いを与えること。植物を用いるのは自然の恵みを再利用すること。生命の木とは、一つの生命は朽ち果てても、やがてそこから新しい生命が生まれるというサーキュレーションの発想を表す言葉なので、それを社名にしようと考えました」
忠氏は特にアロマテラピーに力を注いだ。忠氏自身にもアロマテラピーに欠かせないハーブには深い縁があった。小学6年生のときに難病を患った忠氏は、漢方薬の力を借りて完治しているのだ。この経験から、忠氏は自然の植物が持つ力に大きく魅せられたという。

忠氏がギフト・ショーとの関係を深めていったのもちょうどこの頃からだ。ギフト・ショーがサンシャインシティで開催された最後の頃、おそらく1987年の第23回か第24回で、同社はポプリの量り売りを実演した。それまでは完成品を出展していたが、素材そのものを商品とし、袋に詰めて売る方法を提案したところ、いままでどの出展社もやったことがなかった試みだけに大変な反響を呼んだ。

この後も、生活シーンとハーブやアロマを組み合わせた販売を進めていくうちに、百貨店ほか、多種多様な業種業態のバイヤーが興味を示し始めた。やがて進氏や忠氏が予想したとおり、「香り」そのものがビジネスのテーマとして確立していくことになる。ギフト・ショーでは、会場を東京ビッグサイトに移した第42回(1996年9月)を機に「香りの商品フェア」を開始したが、これも生活の木がハーブやアロマにビジネスの芽を見出し、育てていった成果にほかならない。

本物のアロマテラピーを普及するために

1980年代後半、生活の木はハーブやアロマテラピーの領域で新商品を次々に送り出し、目覚ましい発展を遂げていく。1990年頃には陶器をまったく取り扱わなくなり、現在取り扱うのはハーブや香り関係の商品のみである。1993年に進氏は経営のほぼすべてを忠氏に任せて経営の一線から退き、これを機に会社は株式会社化された。

跡を継いだ忠氏は、アロマテラピーを正しく普及させるため、1996年に日本アロマテラピー協会を設立した。

「いろいろな業者が出てくる中で、薄めたものやまがい物など、本物のエッセンシャルオイルではない商品がたくさん出てきました。それを見て、やはりきちんとした業界にするためには団体が必要だと判断したのが協会を設立した動機ですね」

同協会は、2005年に環境省所管の「社団法人日本アロマ環境協会」となり、2012年には公益法人化されて今日に至っている。この間、長らく理事長を務めたのが生活の木専務取締役の宇田川僚一氏だ。先代の進氏は、1970年代の前半に「瀬戸物の商売をしているのだから喫茶店も始めてみたい」と言い出し、銀座の喫茶店で働いていた宇田川氏をスカウトしたという。ひょんなきっかけから生活の木に入社した宇田川氏はアロマテラピー協会理事となってからというもの、各方面に働きかけて業界を一から育て上げてきた。とりわけ、宇田川氏が奔走して実現にこぎつけた検定制度は〝アロマテラピーの正しい普及〟に貢献している。

忠氏は２０００年に社長に就任すると、ますます積極的に事業を展開させていった。小売り関係では、２００２年に直営店を30店舗に増やし、２００４年には50店舗、２０１０年には１００店舗に拡大。現在は１２０店舗の直営店と１００店舗のパートナーショップを展開している。他業種・他業態への卸売も行い、製造については世界32カ国の農園や51カ国のコミュニティトレード先と提携。高品質のハーブと精油を直輸入している。

文化・生活面の活動も熱心だ。18のカルチャースクール、２店舗のアーユルヴェーダサロン、メディカルハーブガーデンを展開し、社員数はいまや10代から70代まで７３０人を超えた。オール自前主義のため、開発から、生産・物流・店舗スタッフなどのすべてが自社社員で、女性社員の割合は９割。２００９年には、民間企業主催による社員満足度に関する表彰で最優秀賞に輝いた。ビジネスの根幹をなす揺るぎない志とこれまで繰り広げてきた事業活動を振り返れば、当然の受賞である。

循環型社会実現のパートナーとして

ハーブやアロマテラピーが広く普及したいま、重永社長は会社の目的を「ウェルネスとウェルビーイングの実現」に変えたと話す。ウェルネスとは体と心の健康、ウェルビーイングとは幸せと人間らしさの追求を表す概念だ。

「ウェルネスとウェルビーイングに満ちた世界を作ることが目的になると、本業だったハーブやアロマテラピーが今度は手段に変わっていく。病気になりにくい体を作り、幸せを幸せと感じるための手段として、ハーブや自然由来の素材をお勧めしていきたいと考えています」

同じ観点から、同社はギフト・ショーに対しても環境配慮型の見本市を提案している。たとえば、一つのブースを1回使っただけで捨ててしまうのではなく再利用する、リーフレットを捨てる人には紙でないもので紹介するといった取り組みだ。ギフト・ショーに対しては、途上国の支援やチャリティー機能など、エシカルな取り組みに関する鋭い指摘や提案を受けることも多く、いつも刺激をもらっている。

「たくさん作ってたくさん売れば〝経済的に潤う〟という発想だけではなく、〝弱者を救う、何かを救う〟という発想があってもいいのではないか。個別の会社ではエシカル面に力を入れているところも多い。見本市でもそうした機能があるべき、というのが私の理想です」

重永社長は、元プロミュージシャン3人を含むロックバンドのギタリストでもある。ライブ活動では、その収益のすべてをスリランカやガーナの子どもたちの教育支援や孤児院への寄付としているという。言葉だけではない、実践の人なのだ。

循環型社会の実現が今後のビジネスの最重要課題であることに異論はない。未来に責任を持つ社会の一員として、ぜひとも実現させていかなければならないことだ。ギフト・ショーと生活の木は、これまでも互いに刺激を与えながら互いの事業を推進し成長させてきたパートナーである。それは、これからも変わらない。ともに手を携えながら最重要課題の解決に率先してあたっていきたい。

III

「夢を与える」仕事だから色褪せない

株式会社 エトワール海渡

専務取締役 石川 和子氏

最後にご登場いただくのは総合卸商社、エトワール海渡の専務取締役、石川和子氏だ。同社は会員制の卸商社として、3500社ものメーカーの商品を2万店の小売店に供給している。創業以来のモットーは、「良い物をできるだけ安く、必要な物を、必要な時に、必要な数で提供する」。「卸」と聞くとどことなく古いイメージが付いて回るが、エトワール海渡は現金問屋化、セルフサービス販売、会員登録制など新しいサービスや仕組みを次々に取り入れ、業界を革新してきた開拓者だ。

「ギフト・ショーとエトワール海渡は、〝お客様の繁栄〟という意味では同じことをやっていると常々思っています」と石川専務は言う。業態融合を推し進めてきたビジネスガイド社、新業態開拓に果敢に挑んできたエトワール海渡。確かに両社はよく似ているのかもしれない。

業界の常識に捉われない試みで急成長

エトワール海渡の歴史は、1902(明治35)年、浅草区浅草新森田町(現・台東区柳橋)に創業した貴金属小間物製造卸「海渡商店」にさかのぼる。初代の海渡由楠氏の祖先は紀州和歌山の一族で、江戸開幕以前の徳川家康の苦境を船で救ったことから「海渡」の苗字を賜った。

現在では、ファッション衣料から雑貨、食品に至るまで、扱い品目70万SKU(在庫最小管理単位)の幅広い商材を揃えるエトワール海渡だが、創業当初はサンゴ玉などの玉類を下町の職人から仕入れ、全国に売り捌いていたという。

「創業時は、玉かんざしや帯留めといった女性の服飾小物から商売を始めています。代々、社員には『女性はいつでも美しくありたいと願っている』と言い継がれ、女性をターゲットに洒落た服飾品や生活を彩るモノを提供してきました。これは創業時から一貫している方針です」

同社のビジネスの特徴である現金問屋化、セルフサービス販売、会員登録制のうち、いち早く取り入れられたのが、現金問屋化だ。1941年にアメリカとの開戦が現実化する社会情勢の中、奢侈《しゃし》品には統制がかかり多くの問屋が転廃業を迫られたが、海渡商店では統制対象外の小間物や文房具を仕入れ、日本橋横山町に現金販売の売り場を開設して急場を凌いだ。その日に売れる分だけを仕入れ、「当用買い」による現金卸業態を主力事業にすることで激動の時代を生き抜いたのだ。

一方、セルフサービス販売は1950年代前半頃から始まった。当時の業界では、客一人に対して従業員一人で接客するのが常識だったが、海渡（1948年に株式会社海渡に改組）では、入り口にカゴを置き、来店者がカゴを持って自由に商品を仕入れる方式を取り入れた。

また、会員登録制を導入したのは1960年。取引先が1万店を超えるようになると、一般消費者が紛れ込んで卸値で買うケースが多発してきたため、あらかじめ登録のある小売りに限定して取引を行ったのだ。いまでこそセルフサービス販売も会員登録制も珍しい試みではないが、いまから半世紀も前の話である。業界の常識や慣習に染まらず、変革を実践した行動力には驚くばかりだ。

ギフト・ショーはコミュニケーションの場

エトワール海渡がギフト・ショーに参加したのは、1976年の第1回からだ。初めての本格的な消費財の見本市に、急成長を遂げている卸業者が注目するのは自然な成り行きだったのかもしれない。

直接ギフト・ショーに関わるようになった時期を、石川専務はこう振り返る。

「林久枝さんが頑張っていらしたときからですね」

林は母の旧姓だ。おそらく社長である父が体調を崩し、代わって内務をしていた母が旧姓で営業に出るようになった1980年前後だろう。

ところで、エトワール海渡は卸売の会社である。メーカーと小売りとの直取引を促すギフト・ショーのような見本市は、本来であれば商売の妨げになるはずだ。だが、ギフト・ショーは問屋をなくすのが目的ではない。それはエトワール海渡側もよく理解してくれた。

「『お客様を大切にしよう』というのがギフト・ショーの基本姿勢。その姿勢はエトワール海渡も同じですから、両者がバッティングする理由はありません」

通常、エトワール海渡はバイヤーという立場で来場しているが、目的はそれだけではない。MDやVMD（ビジュアル・マーチャンダイジング）のチームの多くもギフト・ショーを訪れる。

「弊社と取引のあるメーカーの多くが出展していますから、『今度ギフト・ショーに出ます』という連絡が必ず入ります。また、ギフト・ショーは、お客様と久しぶりにお会いして近況を聞いたり、情報交換やコミュニケーションを交わす場でもあるんです」

心の動きを捉えたテーマがバイヤーを魅了する

エトワール海渡の店舗では、2万店の小売りに対して年間60回以上の企画展示会を開催し、毎月約40の売り場で新コーナーを展開している。企画展示会は、ディスプレイの方法やコンセプトなどを提案する場でもある。今年はどんな戦略を立てようか、どんなテーマでいこうかと考えるとき、ギフト・ショーのテーマが非常に参考になると石川専務は言う。

「バイヤーも『今年のギフト・ショーのテーマは何だろう』といつも気にしています。テーマというのは、単にそのときの流行り言葉や風潮を掲げるのではなく、やはり、〝癒し〟や〝なごみ〟など人の心を表したものでなくては響きません」

毎回テーマを設定するようになったのはサンシャインシティ時代の最後からだ。いま、テーマを振り返ってみると、確かに心の動きに関するフレーズが多い。「遊び心」「創造」「自分らしさ」「未来志向」「リラクゼーション」「潤いある暮らし」「明日への活力」「心を伝える」「思いやり」「ちょっと上質」。心を表しているからこそ、ギフト・ショーは多くのバイヤーに関心を持ってもらえたのだろう。

石川専務は、ギフト・ショーのゾーニングにも注目していると話す。

「海外の見本市には何度も行っていますが、広さに驚きはするものの、見づらさを感じます。その点、ギフト・ショーはわかりやすくまとまっていますね。東京ビッグサイトの東展示棟は、オーソドックスなギフトのテーマが掲げられていたり、ずっとレギュラーで出展してきたメーカーが出展していることが多いですが、西展示棟では新規のフェアや取り組み、小さくても新しいことにチャレンジしているメーカーの出展が目立つ。西展示棟を見るのも楽しみの一つになっています」

心のやりとりがギフトの本質

あるとき、石川専務は母とギフトに関する話をしていて、鎌倉時代の随筆『徒然草』が話題にのぼったそうだ。率直な人間感情を独特の視点で綴った『徒然草』の一節（117段）では、「友とするに悪き者、七つ」を挙げた後で「よき友、三つ」を次のように挙げている。

「一つには、物くるゝ友。二つには医師《くすし》。三つには智恵ある友」

「昔もいまも、物をもらうことが一番うれしい。だから、日常でのギフトというのは本当に大切なのだと意気投合しました。世の中がどんどん変わっていっても、付き合いをうまく続けていくには贈り物が欠かせません。物をあげる側は、受け取る相手のうれしそうな顔を想像し、受け取った側は『ああ、私のことをわかってくれているんだ』という気持ちになる。この心のやりとりは本当に大事です。これこそがギフトの本質だと思います」

物を贈る・いただくの関係は、食についても同じだと石川専務は見る。ギフト・ショーと同時開催されているグルメ&ダイニングスタイルショーを訪れたとき、出展社に「これはおいしいんですよ。食べている人の顔、想像してみてください」と言われて、思わずはっとしたと言う。

「この人たちはそういうことを考えながら作っているんだと気づいたんです。やはりものづくりの根底を支えているのは、作る人の気持ちです。その気持ちを受けて、今度は私たち、つまりバイヤーが小売りに対し、どのようにして店に出し、並べ、どのように提案するかを真剣に考えなくてはなりません。そうしてメーカーとの関係が深まっていくのだと思います。ギフト・ショーには、会場で思い思いにものづくりに取り組んでいるメーカーの方々とつながっていく楽しみがありますね」

エトワール海渡の社内では、贈り物をするときにそのままの形であげてはいけない、という習慣がある。きれいに包んだうえで、必ず、一言コメントを付けて渡しているそうだ。モノを作る人、贈る相手の気持ちに寄り添って行動しよう。エトワール海渡の社員の心に刻まれている行動理念に学ぶことを忘れまい。

夢を託し、夢を与え続ける存在

エトワール海渡が追い求める理想とギフト・ショーに通底するもの、それは「夢を与えること」だと石川専務は指摘する。

「夢と言っても大それたものではありません。エトワール海渡が追い掛けているのは、なくても生きていけるけれどあった方が楽しい品、女性が喜ぶほのぼのとした夢です。弊社は〝夢〟にずっとこだわってきました。夢売り人のように言われたこともあります。ギフトの世界では、昔はお中元やお歳暮のようなフォーマルなモノしかありませんでしたが、ギフト・ショーの影響もあって、だんだんとパーソナルになってきた。パーソナルギフトというのは、それがあればわくわくする、まさしく夢のようなもの。どんな小さいものでも『これは○○さんにあげられるね』という気持ちがあれば、ギフトになり得るのです」

近年、産業界では「エコ」や「環境保護」「健康」が重要なビジネスキーワードになっている。エトワール海渡でも、ポリ袋を紙袋に替えるといった対策を取っているが、夢を託すという意味では包装は必要だ。包装されているからこそ、贈る方も受け取る方も、この包装紙の中には何が包まれているのかと考え、期待し、一種の昂揚感が生まれるのである。

その意味で、包装紙は甘いお菓子のようなものなのかもしれない。

「食品の担当をしている時代、『甘いものはあまり体に良くない』という風潮が高まり、私は『お砂糖の入っていない、おいしいお菓子』というテーマで全国各地から食材を集めました。ところが、この企画は大失敗したんですよ。やはり、お菓子はある程度甘い方がおいしい。そうでなければ夢がありませんからね」

エトワール海渡の企業スローガンは「モノ売るユメ、ささえる。」。一方、ビジネスガイド社が推進してきたパーソナルギフトは日常に潤いを与える存在だ。なくてもいいが、あればより毎日が楽しくなる。日々の暮らしに華を添えるパーソナルギフトは夢とよく似ている。

「エトワール海渡もギフト・ショーも夢を与える仕事だから長続きしているのだと思います」と石川専務。夢を与えるビジネスは私たちの誇りである。

【会社紹介】

株式会社ビジネスガイド社

1971年東京で創業し、「月刊ぎふと」を創刊する。1972年大阪支社開設。1976年に「第1回ギフト&ホームアクセサリーショー」を開催。1988年台東区雷門に本社ビル竣工。またグループ会社として、1983年に出版を担う㈱ぎふと、1991年に㈱ビジネス旅行開発を設立。2010年上海、2012年台湾に現地法人を設立。2018年福岡支社開設。

同社は、日本最大級のパーソナルギフトと生活雑貨の国際見本市「第90回記念東京インターナショナル・ギフト・ショー秋2020」を2020年10月に東京ビッグサイトで開催する。京都、大阪、福岡でも開催。国内と海外の流通業者のビジネスマッチングや専門セミナー、産業視察ツアーなどを行い、流通業者とメーカーとの強固なネットワークづくりに尽力する。通算611号の「月刊Gift PREMIUM」の刊行とともに2021年に創業50周年を迎える同社は、ギフトとプレミアムの業界を育成し、発展させてきた。

【著者紹介】

芳賀信享（はが　のぶゆき）

株式会社ビジネスガイド社代表取締役社長。

1960年東京生まれ。青山学院大学卒業。証券会社勤務を経て、1985年ビジネスガイド社入社。「月刊ぎふと」編集部で研鑽を積み、1988年インターナショナル・ギフト・ショー事務局に異動。池袋サンシャインシティから晴海・東京国際見本市会場への開設移転を担当。1989年には神戸国際展示場で第1回インターナショナル・ギフト・ショー西日本を成功に導く。1992年第5回インターナショナルプレミアム・インセンティブショー事務局長就任。ギフト・ショーから独立し、池袋サンシャインシティ文化会館で単独開催。SPマーケットの国際的な専門見本市となる。1995年専務取締役事業部事務局長就任。1996年には会場を東京ビッグサイトに移し、2011年より代表取締役社長就任。

「ギフト・ショー」を日本最大級の国際見本市に育てた同社の3代目社長として、常にお客様の利益を考えた新機軸を打ち出し、海外展開も積極的に行う。

日本最大級の消費財見本市
ギフト・ショー　創造と進化の奇跡

2020年10月8日発行

著　者——芳賀信享
発行者——駒橋憲一
発行所——東洋経済新報社
〒103-8345　東京都中央区日本橋本石町 1-2-1
電話＝東洋経済コールセンター　03(6386)1040
https://toyokeizai.net/

装　丁…………中村勝紀（TOKYO LAND）
印刷・製本……中央精版印刷株式会社
©2020 Business Guide-Sha,Inc.　Printed in Japan　ISBN 978-4-492-96183-4

本書のコピー、スキャン、デジタル化等の無断複製は、著作権法上での例外である私的利用を除き禁じられています。本書を代行業者等の第三者に依頼してコピー、スキャンやデジタル化することは、たとえ個人や家庭内での利用であっても一切認められておりません。

落丁・乱丁本はお取替えいたします。